어떤 개발자가 되고 싶니?

어떤 개발자가
되고 싶니?

초판 1쇄 인쇄 2023년 1월 15일
1쇄 발행 2023년 1월 30일

지은이 박동기

펴낸이 우세웅
책임편집 김은지
기획편집 김휘연 정보경
표지 디자인 김세경
본문 디자인 박정호

종이 페이퍼프라이스㈜
인쇄 ㈜다온피앤피

펴낸곳 슬로디미디어그룹
신고번호 제25100-2017-000035호
신고년월일 2017년 6월 13일
주소 서울특별시 마포구 월드컵북로 400, 상암동 서울산업진흥원(문화콘텐츠센터) 5층 22호

전화 02)493-7780
팩스 0303)3442-7780
전자우편 slody925@gmail.com(원고투고·사업제휴)
홈페이지 slodymedia.modoo.at
블로그 slodymedia.xyz
페이스북·인스타그램 slodymedia

ISBN 979-11-6785-110-9 (03190)

일의 본질과 취업 고민의
해결책을 알려주는
"25년 차 현실판"
개발자 이야기

어떤 개발자가 되고 싶니?

박동기 지음

슬로디미디어

프롤로그

25년째 개발자로 살고 있습니다. 개발자의 삶 대부분이 그렇듯이 일정에 쫓겨 개발에만 몰두하다 보니 직업에 대한 철학이나 가치를 생각하는 일이 사치로 느껴집니다. 어쩌다 잘못된 길로 들어섰을 때, 이를 바로 잡을 수 있는 안목이 있었더라면 하는 후회가 남습니다.

세상이 급변하고 있습니다. 소프트웨어 개발자는 프로그래밍 노동자에서 온전히 자기 몫을 하는 IT 개발 전문가로 인정받는 모양새입니다. 반갑고 기쁜 일입니다. 실제로 많은 현장에서 개발자를 구하지 못하는 구인난에 시달립니다. 이런 시대의 물결을 타고 업계에 능력껏 대우받으며, 창의적으로 개발해 나가는 후배들이 많아졌으면 하는 바람입니다. 동시에 개발자들은 이런 물결에 휩쓸리기보다 자신을 살피는 태도를 갖추었으면 합니다.

개발자로 청춘을 보내고 어느덧 그 옛날 선배들의 나이가 되었습니다. 저에게 멋진 직업이었고, 앞으로 가능성이 큰 직업이라는 데에 자부심을 느낍니다. 그러나 직업에 대한 철학과 가치를 정립했더라면 어땠을까 하는 아쉬움이 있습니다. 이 책은 먼저 시작한 선배로서 이제 막 개발 업계에 발을 딛는 후배들에게 줄만 한 게 무엇이 있을까를 고민하다가 집필한 글입니다. 이 책이 소프트웨어 개발자를 꿈꾸는 청춘들에게 나침반이 된다면 더할 나위 없이 기쁘겠습니다. 조금 더 욕심을 부려보자면, 율곡 이이의 '십만 양병설'에 버금가는, '백만 소프트웨어 개발자설'이 되어 K-소프트웨어로의 발전에 밑거름이 되었으면 합니다.

개발자는 사랑하는 사람에게 코딩으로 만든 소프트웨어 꽃다발을 선물하는 사람입니다.

박 동 기

목차

PART 3

IT 개발자를 모십니다

PART 4

25년 청춘을 바쳐 개발자로 살았습니다

PART 1

프로그래밍 노동자에서 소프트웨어 개발자로의 도약

01

초연결 시대, 초고속 사회

지금의 시대는 모든 것이 연결되어 있습니다. 그 옛날 기차를 타는 사람들이 기차역 플랫폼에서 사람을 만났듯이, 지금은 스마트폰과 네트워크로 연결된 플랫폼에서 상품과 사람이 만납니다.

새로 사업을 시작하는 분들을 보면 대부분 초연결 플랫폼 기반의 사업을 합니다. 대표적 플랫폼 기업인 네이버, 카카오, 에어비앤비는 공장도 없고 택시도 없고 호텔도 없습니다. 오직 데이터와 사람을 서로 연결해서 이익을 만들어 내는 구조입니다. 한마디로 연결되지 않으면 가치가 없고 의미 없는 시대가 되었습니다.

초연결 시대의 장점은 빠른 속도입니다. 그러나 빠른 속도에도 문제가 있습니다. 자고 일어나면 문 앞에 택배가 와 있습니다. 밤새 누군가가 분류 작업을 하고 새벽에 배달했기에 가능한 일입니다. 속도는 갈수록 빨라지는데, 연결은 과부하가 걸릴 정도로 복잡해지는 문제입니다. 또한, 인간과 물질 사이에 지능이 흐르고 소통이 가능해지면서, 장치 역시 사람의 생각과 비슷해지고 있습니다. 이렇게 장치에 지능이 들어가니, 인간만이 지능을 소유한다고 믿었던 시대가 빠르게 저뭅니다.

그런데 이런 장치와 인간이 연결되는 데도 에너지, 즉 지능이 필요합니다. 소프트웨어 개발자가 할 일은 여기에 있습니다. 생각이 없는 물질에 지능을 입히는 위대한 창조입니다.

초연결 시대, 초고속 시대에 살면 마음의 속도 역시 빨라집니다. 그러나 마음의 연결 속도는 이상하게도 느슨해져 갑니다. 마음과 마음이 연결되지 않아도 재미있는 게 많은 세상이기 때문인 것 같습니다. 하지만 누구나 알다시피, 마음의 공허를 달래줄 수 있는 것은 결국 사람과 사람의 만남, 사랑밖에 없습니다.

초연결의 궁극적인 목적은 마음과 마음을 연결하는 것입니다. 사람은 마음으로 연결되지 않으면 그리움이 쌓이고 외로움이 커집니다. 그렇기에 진정한 초연결이란 '마음의 공허함을 없애주는 것'이라고 생각합니다. 초연결 사회가 지향하는 본질적 목표는 초연결을 통해 인간 사랑의 가치를 만드는 것이어야 합니다. 나쁜 연결은 끊어내고 소중한 연결들은 더 풍성하게 만들어 내는 것이 진정한 의미의 연결입니다.

초연결 시대에 살고 있지만, 계절의 변화를 느끼며 살고 싶습니다. 새싹이 돋아나고 녹색으로 채색되어 가는 봄을 느끼고 싶습니다. 계절별로 옷을 바꿔 입는 나무를 바라보는 여유를 갖고 싶습니다. 초연결 시대의 최후 승리자는 사회가 요구하는 사항을 간파해 빨리 대응하는 사람들이라고 하지만, 자연이 주는 여유는 누구에게나 꼭 필요한 것입니다.

메타버스는 가상과 현실이 융복합한 디지털 세계를 말합니다. 북한강과 남한강이 만나는 두물머리처럼 현실과 가상이 만나서 새로운 세계로 진입하는 것입니다. 메타버스 여행은 기존의 공간과 이동의 한계를 뛰어넘는 가상현실 여행이며, 최종 목표는 오프라인에서 느낄 수 없는 편안함과 위안을 얻는 것입니다. 그렇기에 메타버스도 사람의 마음을 움직일 수 있는 기술이 뒷받침되어야 성공할 수 있습니다. 메타버스에서 초연결의 역할은 마음을 움직이는 기술이 되어, 인간을 위로하고 인간이 외롭지 않게 연결해주는 것입니다.

저는 매일 한 시간씩 숲을 산책합니다. 숲을 걷는 것은 생각하는 것입니다. 저에게 숲은 숨을 쉴 수 있는 휴식처이자 스트레스와 병을 치료하는 병원입니다. 마음은 숲에 젖고 바람에 젖습니다. 퇴근 후 숲을 걷다 보면 고요함 속에서 번민이 일어납니다. 그러나 걷고 또 걷다 보면 번민이 가라앉고 생각이 정리됩니다. 때로는 한발 더 나아가 새로운 꿈을 꾸기도 합니다. 머지않아 메타버스 같은 가상공간에서도 부드러운 흙의 감촉을 느끼며 소나무 향과 신선한 공기를 마시는 일이 가능해질 것입니다. 초연결 시스템으로 이루어진 메타버스에서 우리의 안정과 치유를 기대해봅니다.

소셜 네크워크 분야의 석학 데이먼 센톨라는 자신의 저서 『변화는 어떻게 일어나는가』에서 "트위터가 공식적으로 출시된 지 불과 몇 달 뒤인 2006년 8월, 샌프란시스코에 지진이 일어났다. 진도 3.6의 그 지진은 베이 에어리어의 기준으로는 경미한 것이었지만, 지진에 대한 공포는 일단 시작되면 그 지진이 얼마나 큰 규모로 일어날지 알 수 없다는 데에서 비롯된다. 그때까지만 해도 점심에 관한 일상적인 잡담이나 올리는 데 쓰이던 서비스가 최초의 진동이 시작되고 나서 몇 분 안에 갑자기 친구와 가족에게 꼭 필요한 구명줄이 되었다. 지진이 닥친 이웃 지역들에서 실시간으로 일어나는 상황을 보고하고 진동과 여진에 관한 정보를 전달하는 메시지들이 네트워크에서 수없이 오가면서 트위터의 서버 활동이 폭발적으로 증가했다. 트위터는 즉각 베이 에어리어 사람들 사이에서 중요한 사회적 가치를 인정받게 되었다. 그들은 그날 하루 중 상당한 시간을 트위터 계정을 들여다보면서 보냈다"라고 말했습니다.

2006년 8월 샌프란시스코에서 발생한 지진은 사람들에게 폭발적으로 트위터를 사용하게 했고, 사람들은 트위터를 통해 가족 또는 지인과 촘촘한 네트워크 그물망을 만들었습니다. 얼마나 많은 친구와 연결되어 있느냐보다 얼마나 강하고 빈번하게 결속했느냐가 중요했던 것입니다. 즉, 같은 부류와 어울리고 싶다는 욕망은 초연결을 통해 사회적 네트워크를 형성하지만, 트위터를 확산시키는 건 천문학적인 비용을 쏟은 마케팅이나 인플루언서의 홍보가 아니라 잘 아는 소수의 친구와 얼마나 결속하는가였습니다.

그렇다면 우리 자신의 변화를 확산시키려면 어떻게 해야 할까요? 팀 네트워크에 새로운 개념을 확산시키고, 팀원들의 행동 변화를 끌어내려면 네트워크 과학의 새로운 발견에서 어떤 것들을 활용해야 할까요? 데이먼 센톨라가 제시한 변화 계획 적용을 위한 7가지 전략을 소프트웨어 개발자 문화에 적용해 보겠습니다.

첫째, 전염성에 의존하지 않아야 합니다. 좋은 개발자 문화는 바이러스처럼 확산하지 않습니다. 트위터가 나와 친한 소수 사람과의 결속력을 통해 확산한 것처럼, 개발자 문화도 소그룹별 결속을 통해 그물망처럼 서서히 퍼지게 해야 합니다. 끈끈한 유대를 바탕으로 전염을 부추기는 전략을 사용해야 합니다. 문화는 회장이 전 직원을 모아 놓고 강압적으로 지시한다고 해서 바뀌는 게 아닙니다. 동조하는 이가 없으면 퍼지지 않는 게 문화입니다. 변화는 사각지대에 존재하는 유대감 깊은 소그룹에서 시작됩니다.

둘째, 혁신가를 보호해야 합니다. 새로운 목소리를 내는 사람은 기존 관습을 지키려는 세력의 표적이 될 수 있습니다. 따라서 혁신적인 아이디어가 기존 관습에 압도되지 않는 환경을 제공해, 혁신가들이 새로운 개념을 전파할 수 있도록 해야 합니다. 조직 주변부의 개발자 군집을 표적으로 삼는 것도 좋은 방법입니다. 혁신적인 아이디어를 자유롭게 이야기할 수 있는 환경을 조성하고, 그들의 의견을 잘 경청해야 합니다.

셋째, 네트워크 주변부를 활용해야 합니다. 특별한 개발자를 찾는 것도 중요하지만, 결국 변화를 뿌리내리게 하고 확산시키는 건 평범한 개발자들입니다. 25년간 소프트웨어 개발자로 있으면서 느낀 건 똑똑한 개발자도 있지만 대부분 고만고만한 개발자들이 모여 프로젝트를 진행한다는 점입니다. 개발자라는 자원은 소중합니다. 특별한 개발자만큼 주변에 있는 평범한 개발자를 보살펴 잠재적 이탈자가 되지 않도록 해야 합니다.

넷째, 유대감 깊은 커뮤니티를 구축해야 합니다. 새로운 행동이 한 집단에서 다른 집단으로 확산하려면 유대감이 있어야 합니다. 개발자 간 정기적인 모임이나, 타 부서와 소통할 수 있는 커뮤니티 시스템이 구축되어야 할 것입니다. 쉬운 일은 아니지만, 인간적인 소통이 먼저입니다. 업무 외 시간에 자유롭게 이야기할 수 있는 커뮤니티는 개발자 간의 건강한 소통과 신뢰, 업무 생산성을 높입니다.

다섯째, 관련성을 만들어야 합니다. 관련성을 만드는 데 가장 중요한 것은 '맥락'입니다. 개발자 간에는 그물망처럼 촘촘한 인터페이스가 구축되어 있어야 하고, 서로의 프로토콜을 맞추기 위해 약속한 문서가 있어야 합니다. 개발자 간의 관련성은 소프트웨어의 기둥과 뼈대가 되는 SRS(Software Requirements Specification, 소프트웨어 요구 명세서로 개발 시작 전에 작성되는 소프트웨어 시스템을 설계, 분석, 설명하는 문서) 문서로 확인할 수 있습니다.

여섯째, 눈덩이 전략을 사용해야 합니다. 티핑 포인트(tipping point)를 촉발하는 비결은 군집화입니다. 군집화 대상은 특별한 개발자가 아니라 주변에 있는 평범한 개발자입니다. 얼리어답터 개발자는 새로운 행동을 기존의 규범과 경쟁할 수 있어야 합니다. 개발에 대한 열망이 있는 얼리어답터 개발자를 군집화하면 개발 문화 변화가 촉발될 것은 확실합니다.

일곱째, 발견을 향상하고 편향을 줄이는 네트워크를 설계해야 합니다. 올바른 전염 인프라는 팀의 창조력과 협력을 자극하지만, 잘못된 전염 인프라는 팀의 창조력과 협력을 위축시킵니다. 새로운 공통 기반을 발견해 진정한 혁신을 하려면 다양성을 보존하고 새로운 지식의 발견을 자극하는 전염 인프라가 필요합니다. 평등한 네트워크는 개발 문화를 확산시키기에 조직 내에 걸림돌이 없는지 잘 살펴서 방해가 없도록 해야 합니다.

세상은 초연결을 넘어서 초고속의 세상으로 변화하고 있습니다. 특히 우리나라의 인터넷은 감히 속도로는 넘볼 수 없는 수준을 자랑합니다. 일전에 콜롬비아에 있는 직원에게 데이터를 요청한 일이 있습니다. 그러나 한참을 기다려도 데이터는 오지 않았습니다. 메신저로 물어보니 아직도 '송신중'이라고 합니다. 우리나라에서는 5초면 도착할 데이터가 10분이나 걸려 도착했습니다. 태국에 출장을 간 동료와 줌(Zoom)으로 회의해야 하는데 연결이 되지 않은 적도 있습니다. 미국도 마찬가지입니다. 워낙 면적이 넓은 나라이니 인터넷 속도가 느립니다.

2019년, 우리나라는 세계 최초로 5G 이동통신 서비스를 시작했습니다. 지하철에서 드라마나 영화를 편하게 볼 수 있는 것도 모두 5G 서비스 덕분입니다. 6G는 데이터 전송 속도가 5G보다 최대 50배 빠른 차세대 통신 기술입니다. 산술적으로는 2GB 용량의 영화 한 편을 0.016초면 내려받을 수 있습니다. 이를 기반으로 홀로그램, 확장현실(XR), 메타버스, 자율주행, 원격 수술 등 초고속 대용량 서비스 구현도 가능해질 전망입니다. 정부와 기업 등은 2029~2030년을 6G 상용화 시점으로 예상하고 있습니다.

통신은 백신만큼이나 중요한 인프라입니다. 선제적으로 투자해야 필요할 때 유용하게 사용할 수 있습니다. 기름진 땅에서 곡식의 열매가 잘 열리듯이, 초고속 네트워크의 기반 위에서 메타버스, 가상공간, 증강현실(AR), 무인 자동차 등의 기술이 실현됩니다. 우리나라의 경우 탄탄하게 구축된 초고속 인터넷이 코로나 팬데믹 상황을 헤쳐 나가는 데 중요한 인프라로 작동했습니다. 생경했던 온라인 수업이 교실 수업을 대체할 수 있었던 것은 온전히 정보화 시대를 선도적으로 준비해온 우리의 역량 덕분이었습니다. 혁신을 위한 과감한 정책과 투자 확대가 어느 때보다 필요한 시점입니다.

현재 모든 산업은 소프트웨어에 기반합니다. 기존 IT(정보 통신 기술) 산업뿐 아니라 제조, 화학, 의료, 유통, 물류, 에너지, 금융, 국방, 교육, 콘텐츠 등의 전산업군에서 소프트웨어 경쟁력이 성공과 실패를 가름하고 있습니다. 분명한 것은 4차 산업혁명의 시대, 디지털로 산업의 중심을 재편하는 디지털 전환의 시대에 소프트웨어를 바로 세우지 못하면 미래를 확신할 수 없다는 것입니다.

창업 경시대회에서도 많은 사람이 기본 소프트웨어를 바탕으로 무언가를 융합해 창의적이고 창조적인 제품들을 선보입니다. 이제 소프트웨어는 선택이 아니라 필수입니다. 그리고 초연결과 초고속의 토양이 준비된 지금 꼭 필요한 사람을 꼽으라면 바로 소프트웨어 개발자일 것입니다. 기름진 땅 위에서 코딩으로 꽃을 피우고 열매를 맺는 일이 소프트웨어 개발자의 할 일입니다.

02

노동 시장의 위기와 IT 개발자 구인난

현재 우리나라의 노동 위기는 심각한 수준입니다. 특히 코로나 팬데믹으로 인해 양질의 일자리가 사라지고, 공식 채용이 적어졌으며, 물가가 치솟고 있습니다. 위기가 쓰나미처럼 몰려오니 스스로 해결할 능력을 잃어가는 형국입니다. 자영업자들의 분노는 폭발 직전입니다. 잠재성장률은 최저, 청년 실업률은 최악의 상태입니다. 그러나 이러한 위기도 좋은 기업이 있으면 반드시 잠재울 수 있습니다.

스위스의 명품 시계회사 오데마 피게는 장인 정신으로 시계 제조업 분야의 대량 실업 위기를 이겨낸 기업입니다. '로열 오크'는 1972년에 최초로 선보인 스포츠 시계입니다. 운동할 때는 충격에 약한 기계식 시계를 차지 않는다는 점에 착안해 강한 스테인리스 스틸을 사용한 스포츠용 시계를 만든 거죠. 이 시계는 당시 상류층 사람들에게 인기를 얻었을 뿐 아니라 지금도 다양한 디자인을 구현하며 고급 스포츠 시계 부문 70%의 시장

점유율을 보이고 있습니다.

모터 업계 세계 1위인 일본전산(日本電産)의 기업 정신도 노동 시장의 위기를 극복한 예로 보기 충분합니다. '즉시 한다, 반드시 한다, 될 때까지 한다'라는 사훈은 교토의 창고에서 4명으로 시작한 사업을 계열사 330개, 임직원 11만 2,500여 명의 기업으로 성장하게 했습니다. 일본전산은 코로나 팬데믹 기간에도 사상 최고의 실적을 낸 기업입니다. "돌아가고 움직이는 모든 분야에서 최고 업체가 되자"가 일본전산의 장기 비전입니다. 오데마 피게와 일본전산 같은 실력 있는 기업이 우리나라에 존재한다면 노동 시장 위기를 극복할 수 있다고 생각합니다.

이런 노동 시장의 위기 속에서 아이러니하게도 개발자의 몸값은 급등하고 있습니다. 개발자 모임에 나가면 좋은 조건으로 이직하는 사람이 꽤 많습니다. 코로나 팬데믹을 계기로 많은 기업이 디지털 전환의 필요성을 절감하게 되었기 때문입니다. 바이러스가 덮치면 회사와 공장의 문을 닫아야 하므로 자동화의 필요성을 느끼게 된 것이죠. 이런 자동화 시스템을 구축하기 위해 꼭 필요한 존재가 바로 개발자입니다.

미래 사회는 IT 기반 산업이 주류를 이룰 것입니다. 개발자는 더 많이 필요해질 것입니다. 개발자가 많아지면 그만큼 업무도 분산되기에 개발자들은 삶의 여유를 느끼며 살아갈 수 있을 것입니다. 개발자가 매일 밤을 지새우고 머리를 산발하고 사는 모습도 이제는 추억이 되었습니다. 일찍 퇴근해서 취미 생활도 하고 가정도 잘 챙길 수 있는 시대가 도래했습니다.

최근 뉴스를 보아도 "개발 인력 확보를 위한 연봉 인상 경쟁이 본격화된 지 1년이 지났다. 그 사이 실력 좋은 개발자를 채용하려면 초임 연봉부터 5천만 원에서 6천만 원 수준에 맞춰야 한다는 암묵적인 합의가 IT 인력 채용 시장에 자리 잡았다. 대형 게임사, 인터넷 플랫폼 업체 기준으로도 1천만 원 이상 높아진 것이다"라고 합니다. 그만큼 코로나로 인해 산업 전반에 디지털 전환이 이루어지며 개발자 인력이 필요해졌고, 덕분에 스타트업부터 대기업까지 '개발자 모시기'에 정신이 없습니다.

앞으로도 IT 인재 채용 경쟁은 지속, 심화될 것입니다. 이에 기업들은 개발자를 채용할 때 만족스러운 처우뿐 아니라 명확한 비전을 제시해야 할 것입니다. 개발자들이 지속해서 성장할 수 있는 개발 문화를 제공하는 등의 차별적인 비전입니다.

개발자는 성장에 목마른 존재입니다. 양식장의 물고기처럼 성장에 한계가 있고, 도태되는 것을 두려워합니다. 개발자는 넓은 강과 넓은 바다로 나아가고 싶어 합니다. IT 기술은 끊임없이 변화하고, 급변하므로 배워야 할 기술이 무척 많습니다. 그래서 개발자는 배우고 성장하지 못하면 도태된다는 생각을 항상 갖고 있습니다. 개발자의 이직률이 높은 이유도 도태에 대한 두려움에 기인합니다. 따라서 좋은 개발자를 얻고 싶다면 소박하더라도 명징하고 도전 가치를 확실히 드러내는 비전을 제시하는 것이 좋습니다. 개발자는 비전에 공감해야 움직이는 존재입니다. 또한 개발자는 입사하고 나면, 팀 내 비전을 중요하게 생각합니다. 회사의 비전은 멀고, 팀 비전은 가깝습니다. 팀이 무엇을 추구하고 어디로 가야 할지가 명확하다면 개발자는 흔들리지 않습니다.

개발자 친화적 문화를 조성하는 것도 중요합니다. 개발은 한 사람의 힘으로 이루어지지 않습니다. 개발자는 동료들과 협업해 '제안, 구현, 병합, 피드백, 수정, 배포'의 과정을 반복합니다. 이 과정이 매끄럽고, 성장과 성취에 만족감을 느낄 때 비로소 개발자 친화적 문화가 만들어집니다.

개발자 친화적 문화를 '좋은 조직'으로 바꿔도 좋습니다. 어느 회사나 마찬가지일 것입니다. 넷플릭스의 최고인사책임자 패티 맥코드는 "회사가 직원에게 해줄 수 있는 최고의 보상은 A급 선수들과 함께 일하도록 해주는 것"이라며, "최고의 직장은 복지가 좋거나 급여가 많은 곳이 아니라 탁월한 동료들과 함께 일할 수 있는 곳"이라고 했습니다. 옆 동료가 품격 있고 일을 잘하면 나의 회사 생활이 행복해집니다.

같이 일하는 동료가 좋으면 그곳은 좋은 조직입니다. 훌륭한 멘토가 있거나, 배울 점이 많은 사람이 있는 조직도 좋은 조직입니다. 그들과 적극적으로 소통할 수 있는 문화가 있는 곳 역시 좋은 조직입니다. 따라서 스스로 업무 강도를 줄이는 잠재적 이탈자가 발생하지 않도록 좋은 조직을 만들어야 합니다. 이를 위해서는 수평 문화를 형성하는 것이 중요합니다. 직급을 떠나 자유롭게 의견을 내고, 의견이 반영되면 좋습니다. 시니어 개발자는 개선된 방향으로 일을 해 나가고, 주니어 개발자는 신선한 아이디어를 개진하는 것도 방법입니다. 모두의 성장을 위해서는 누군가의 입을 막거나, 기회를 막지 않아야 합니다.

자율적이고 성장하고자 하는 개발자를 끌어오는 건 시스템으로 가능하지만, 유지하는 건 결국 사람입니다. 기업은 개발자의 이직이 활발한 만큼 수시 이탈을 고려하여 채용 계획을 수립해야 합니다. 긴 호흡으로, 예비 인력과 역량이 우수한 시니어 개발자를 소수라도 확보해야 합니다.

개발자는 돈도 중요하지만, 기업 가치를 보고 이동해야 합니다. 먹이를 찾아 어슬렁거리는 하이에나처럼 돈을 찾아 이리저리 다니지 않아야 합니다. 나무는 이리저리 여러 번 옮겨 심으면 뿌리내리지 못하고 죽습니다. 개발자는 옮기는 곳이 정말로 자기가 성장할 수 있는 곳인지, 자신과 맞는 곳인지를 따져야 합니다. 스카우트 제의를 받았다고 일희일비하지 않고 자기 자리를 지키며 일해야 합니다. 개발자들은 자기 자리에서 삶의 철학을 갖고 거목처럼 성장해 나가야 합니다.

일본에는 썩지 않기로 유명한 사과가 있습니다. 농부 기무라 아키노리가 재배한 이 사과는 병충해에 강하고 상온에 오래 둬도 싱싱해 '기적의 사과'로 불립니다. 이 사과나무는 꽃을 피우는 데 10년이 걸렸습니다. 흙이 회복되기까지 오랜 시간이 필요했기 때문입니다. 손이 푹푹 들어갈 정도로 부드러운 흙은 사과나무의 뿌리를 깊고 넓게 내리게 해 약 없이도 병충해에 강하게 만듭니다. 개발자도 이처럼 4년은 자기 자리를 묵묵히 지키며 IT 전문인으로서 단단히 뿌리내려야 합니다. 이러한 단단한 시간이 지나야 비로소 좋은 향기를 내는 열매를 맺을 수 있습니다.

개발자를 너무 많이 채용하는 바람에 경영이 악화하는 회사도 있습니다. 코로나로 인해 고임금을 버티지 못하고 구조 조정을 하는 게임업체가 그 예입니다. 이럴수록 연봉에 이리저리 옮겨 다니기보다는 자기 일에 철학을 갖고 일하는 개발자가 되어야 합니다. 코로나 팬데믹 이후 디지털 사회로 급변하면서 좋은 IT 기업이 나올 환경이 만들어졌습니다. 앞으로도 우리나라를 계속 먹여 살릴 기업이 많이 나올 것입니다. 이를 대비하기 위해서라도 개발자는 눈앞의 이익에 흔들리지 않고 자기 자리에서 충실하게 제 역할을 다하는 것이 좋습니다.

개발자 인력에 대한 도전을 극복하려면 발상의 전환이 필요합니다. 김태기 전 단국대 교수는 "1980년대에 직장 생활을 시작한 5060세대는 아날로그와 디지털 시대를 모두 경험했습니다. 문제 해결과 의사소통 경험이라는 자산을 가지고 있습니다. 이들에게 맞는 임금과 고용 관행을 만들고, 서비스의 특성에 맞는 인재를 선발해 재교육하며, 적재적소에 배치하면 한국의 IT 서비스기업은 날개를 달 것입니다. IT 서비스기업의 시대적 미션은 한국의 신경제를 성공시키는 것입니다"라고 이야기합니다. 미국은 유연한 고용 시스템으로 숙련된 개발자를 확보하고 유지합니다. 우리나라도 5060세대에게 유연한 고용 시스템을 제공해 다시 일할 수 있게 한다면 인력난을 극복할 수 있을 것입니다. 즉, 개발자 인력 문제를 해소하고 IT 기업의 성장성을 높이고 싶다면 신중년층으로 불리는 5060세대 노동력을 적극적으로 활용해야 합니다.

저는 현재 50대 초반인데도 왕성하게 프로그래밍하고 있습니다. 큰 숲을 보면서 프로그래밍하기에 대부분 성공적으로 프로젝트를 마칩니다. 꼭 될 수 있는 것에 집중해 좋은 열매를 맺습니다. 이와 더불어, 5060세대는 애국하는 마음으로 동료들에게 모든 기술을 전수하고, 후임 개발자를 키워 내는 일에 에너지를 쏟아야 합니다.

기술과 실업에 대한 해답은 다양한 형태의 자기 고용입니다. 은퇴라는 단어를 은퇴시켜야 합니다. 노동이 계속되려면 노동 형태가 달라져야 합니다. 보수를 받는 구체적인 일과 무보수지만 유익한 일을 적절히 분배하고, 어떤 기술로 타인에게 도움을 줄지 탐구하고 설계해야 합니다. 개발자로서 남에게 도움을 주는 방법은 많습니다. 옆 동료와 후배는 경쟁자가 아니라 같은 목표로 가야 하는 동반자입니다.

03

코로나 팬데믹으로 인한 사회적 변화

디지털 격차의 심화

코로나 이후 디지털 격차는 매년 심각하게 벌어지고 있습니다. 그러나 메타버스 강의에는 의외로 연세가 있는 분들이 많이 참석하십니다. 머리가 희끗희끗한 분들이 강의를 듣는 모습을 보면 놀랍기도 하고, 세상이 제대로 흘러가고 있는 건지 의구심이 들기도 합니다.

스마트폰 사용에 서툰 노년층은 심각한 '디지털 래그(Digital Lag, 디지털 기술 발전 속도에 뒤처지는 현상)'를 겪고 있습니다. 티켓 예매부터 은행 업무까지 스마트폰으로 모든 것이 이뤄지는 시대에 고령층의 디지털 소외 현상이 뚜렷하게 나타나는 것입니다. 열차 예매 시스템도 디지털로 이루어지다 보니, 스마트폰으로 미리 티켓을 구매한 젊은이는 좌석으로, 그렇지 못한 노인은 입석으로 가는 진풍경이 연출되기도 합니다. 한국지능정보사회진흥원이 발표한 「2020년 디지털 정보격차 실태조사」에 따르면, 일반 국민

대비 55세 이상 장노년층의 디지털 정보화 수준은 68.6%입니다. 저소득층(95.1%), 장애인(81.3%), 농어민(77.3%) 등 다른 정보 취약 계층에 비해서도 낮은 수준입니다. 코로나 유행에 따른 비대면 문화의 확산으로 디지털 기술에 익숙하지 않은 노년층이 사회적으로 배제되고 고립되면서 더 많은 불편과 불이익을 경험하고 있는 것입니다.

저도 이런 경험이 있습니다. 햄버거를 주문하려는데 점원이 없더군요. “아무도 안 계시나요?”라고 외쳤더니, 주방에 있던 점원이 이상한 눈초리로 쳐다봅니다. 알고 보니 키오스크(Kiosk)로 주문하는 시스템이었습니다. 처음 키오스크를 사용했을 때의 낯섦과 당황스러움이 여전히 생생합니다. 이제는 패스트푸드점뿐 아니라 커피숍, 고속도로 휴게소 등 많은 곳이 키오스크로 주문받습니다. 은행이 사라지고, 코로나 백신 접종을 비롯한 각종 정책 정보가 온라인을 중심으로 제공됩니다.

한글에 서툴러 빈손으로 카페를 나오는 외국인도 있습니다. 주문부터 결제까지 모든 설명이 한국어로만 되어 있는 탓입니다. 키오스크가 보편화한 때에 배려가 부족함은 단절의 벽이 되고는 합니다. 실제로 어느 기업의 키오스크는 ‘품절’, ‘차’를 각각 ‘품절(Sold out)’, ‘차(Tea)’로 바꾸었는데, 여타의 기업들에서도 필요성을 느끼고 있던 터여서 실행에 옮겼다고 합니다.

누구든지 자기 분야가 아니면 소외될 수 있습니다. 안드로이드 프로그램을 개발하다 보면 언어 설정 파일을 소홀히 번역하는 개발자가 있습니다. 개발자는 소프트웨어 사용에 있어서 불편함이 없도록 명징한 단어를 선택해야 합니다. 디지털 격차가 만든 불평등은 사회적 불안정을 야기하고 삶의 만족도를 떨어뜨립니다. 노년층의 디지털 역량 강화를 위한 교육 사업이 절실한 시점입니다.

자영업자의 위기

요즘에는 장사가 잘되는 식당이 거의 없습니다. 계속된 경제 위기 신호에 지갑을 닫는 사람이 많기 때문입니다. 다들 살고 있다기보다는 견디고 있다는 말이 어울리는 시기입니다. 또한, 외식업에 도전하는 사람이 은퇴 후 생계형이거나 취업이 힘든 2030세대이다보니 이들의 실패가 국가 경제에 부담으로 작용한다는 문제도 있습니다.

이에 먼슬리키친 김혁균 대표는 외식업 도전자들의 성공률을 높이는 것이 곧 국가의 정책적 과제라고 말하며, 자신의 칼럼에서 "먼키 분당휴맥스점의 경우 점심 홀 회전이 6회에 달합니다. 보통 맛집의 점심 홀 회전이 2회인 것과 비교해 놀라운 수치입니다. 이것이 가능한 이유가 바로 디지털화, 정보화에 있습니다. 분당휴맥스점의 경우 직장인이 많이 이용하는데, 이들은 오전에 미리 먼키 앱으로 미리 메뉴와 식사 시간을 예약하고 결제까지 마친 후 식사 시간 10분 전에 오는 카톡을 받고 내려와 식사합니다. 입장, 주문, 조리, 결제 시간이 제로화되어 식사 시간 15분 외 나머지 45분이 개인 시간으로 활용됩니다"라고 밝혔습니다. 고객이 전용 주문 애플리케이션(이하 '앱')으로 예약, 주문, 결제 서비스를 이용한 다음 오프라인 매장에 방문하는 것입니다. 실제로 점심시간이 절약되어 고객 만족도가 큽니다.

외식업자는 디지털화된 매출 정보를 기반으로 새로운 메뉴를 개발하고, AI 수요 예측 시스템을 통해 다음날 음식 재료를 미리 파악해 재고 없이 신선한 재료를 제공해야 합니다. 디지털 전환을 통해 주먹구구식 경영 활동에서 벗어나 외식업 본질인 음식 맛으로 고객 마음을 얻는 데에 집중해야 할 것입니다.

식당에 로봇이 등장한 것도 눈여겨볼 만합니다. 식당에서 직원이 테이블 번호만 입력하면 로봇이 최적의 경로를 통해 주문한 요리를 배달합니다. 거리를 두며 접촉을 회피하는 분위기에 요식업계에서도 디지털이 활용되고 있는 것입니다. 결국, IT 기술 도입 목적은 '효율화에 의한 비용 절감'입니다. 일손이 부족하다는 과제를 안고 있는 편의점도 로봇으로 상품을 진열하는 시범 운영을 시작했습니다. 영세한 자영업자들에게까지 차별 없이 IT 화가 진행될 수 있도록 정책적 지원이 필요할 것입니다.

별점 시스템은 소비자의 제품 선택을 위한 길잡이 역할을 합니다. 주로 5점 만점 방식으로 단순하게 측정됩니다. 그러나 별점 시스템은 판매를 좌지우지한다는 면에서 구매자의 권력이 되기도 합니다. 실제로 고객이 악의적으로 별점을 낮게 주거나, 악성 댓글을 달면 가게의 매출이 떨어집니다. 이런 문제로 넷플릭스는 별점 시스템을 '좋아요' 클릭 시스템으로 변경했습니다. 자영업자들은 별점 하나에 사업적 타격을 입습니다. 그렇기에 평가 시스템을 개발할 때는 타격을 입을 사람들의 마음까지 헤아려야 합니다. 자영업자들의 마음 깊은 곳까지 헤아리는 소프트웨어 개발로 자영업자들이 다시 힘을 얻었으면 합니다.

큰 정부로의 귀환

코로나 팬데믹으로 다시 정부의 역할이 중요해졌습니다. 사회적 거리두기를 실천하고, 전염병 예방을 위한 재정 지출을 감당하며 정부의 역할이 막강해진 것입니다. 예전 같으면 국가 권력이 개인의 자유를 침해한다며 반발했던 일에 이제는 반기드는 일이 드뭅니다. 재난 문자를 받는 일은 일상이 되었고, 좋은 정부인지 나쁜 정부인지는 삶과 죽음이 결정합니다.

코로나 팬데믹은 부국과 빈국 간 격차로 인한 비극적 악순환을 확인하게 했습니다. 부국은 백신 민족주의를 앞세워 백신을 선점해 단계적 일상 회복에 나섰습니다. 그러나 빈국은 백신은커녕 변변한 방역 물품도 없이 방치되어 변이 바이러스가 속출했습니다. 그리고 이 변이 바이러스는 다시 부국을 위협하는 악순환의 고리를 만들어 냈습니다. 바이러스로 인한 개발도상국의 경제적인 타격은 심각합니다. 똑같이 경제적 타격을 입고도 선진국은 잘 살아가고 있고, 개발도상국은 경제가 무너져 폭동이 일어나고 있습니다.

또한, 지난 3년간은 코로나 확산을 막기 위한 국가 비상사태 기간이었습니다. 열화상 카메라, 온도 측정기, QR 인증 감시가 우리의 몸을 특정 공간에 들어갈 수 있는 몸인지 아닌지를 결정했습니다. 잠재적 위험이 있는 몸은 격리와 차단을 당했습니다. 많은 이가 코로나 바이러스에 감염되는 것보다 비정상적이고 부도덕한 시민으로 분류되어 격리되고 낙인찍히는 것을 두려워했습니다.

감시 체제는 두려움을 주요 동력으로 삼습니다. 큰 정부의 역할이 확대되며, 사실상 정부는 즉각적으로 방역을 위한 조치를 취한다는 명목으로 개인의 다양한 사회적 활동을 통제할 수 있게 되었습니다. 코로나 치료제가 개발되어 완벽하게 코로나가 종식되기 전까지는 큰 정부의 역할이 계속될 것입니다.

이럴 때일수록 정부는 IT 생태계가 확장할 수 있는 기반을 잘 닦아야 합니다. 얼마 전, 대형 플랫폼 회사의 데이터 센터에 화재가 발생했습니다. 이로 인해 사람들은 큰 혼란을 겪고, 당사의 여러 앱을 열흘이나 사용할 수 없었습니다. 이제는 데이터 센터 회사만 탓할 것이 아니라 국가적인 대응책 마련이 필요한 때입니다. IT 전문가를 대통령실로 영입해서 일관성 있는 정책을 펼쳐 나가야 할 것입니다. 예전에 있다가 사라진 정보 통신만을 전담하는 정보통신부 장관급의 부활이 필요한 시점입니다. 인공지능 분야만 하더라도 장관급이 존재해야 발전할 수 있습니다.

따뜻한 소프트웨어의 필요성

코로나의 대유행으로 우울과 불안이 '코로나 레드(Corona red, 코로나로 인한 분노)'와 '코로나 블랙(Corona black, 코로나로 인한 좌절과 절망)'으로 확산했습니다. 또, 코로나는 사람에게 마스크를 씌움으로써 미소와 감정을 빼앗았습니다. 나와 타인을 코로나로부터 보호하려는 행동이 타인과의 거리를 더 멀어지게 했습니다. 커피를 주문하며 바리스타와 30초간 가벼운 대화를 나누던 일도 사라졌습니다.

저는 퇴근 후 매일 한 시간씩 등산합니다. 자연의 신비로움에 빠져 사진을 찍기도 합니다. 그러나 SNS에 올릴 셀카는 별로 없습니다. 미소 근육이 굳어 웃기만 해도 어색합니다. 셀카를 찍으며 인상이 변해 버린 것을 느낍니다. 미소는 사람들과 좋은 관계를 맺고 유지하게 하는 윤활유입니다. 미소를 지으면 아름다움이 남습니다. 억지로 웃을 필요는 없지만 잔잔한 미소는 상대방을 편안하게 하고, 실패 속에서 다시 시작할 힘을 얻게 합니다.

줌으로 글쓰기 모임을 하며 회원들의 얼굴을 살펴봅니다. 미소가 없습니다. 다들 근엄한 작가들처럼 너무 진지한 표정입니다. 어떤 이는 눈으로만 웃습니다. 마스크를 쓰다 보니 미소 근육이 굳은 탓입니다. 눈으로만 미소 지으니 속내가 드러나지 않습니다.

우리는 행복해서 웃는 것이 아니라 미소를 지을 때 행복해집니다. 저는 산길을 오르며 제비꽃을 만나면 미소 짓습니다. 짙은 소나무 향이 폐 속으로 스며들 때 미소 짓고, 송홧가루가 노랗게 하늘을 덮을 때 미소 짓습니다. 나무를 만지며 지금까지 잘 살아와 주어 고맙다고 미소 짓고, 갈수록 짙어지는 녹음에 미소 짓습니다. 미소는 우리 사회가 가꿔야 할 꽃과 같습니다. 시련과 아픔 속에서 다시 일어설 힘을 주고, 내적 기적을 간직하게 하며, 나 자신이 잘 살고 있다는 믿음을 주기 때문입니다.

첨단 과학 기술은 미소처럼 사람과 사람 사이를 이어주는 '따뜻한 기술'로 거듭나야 합니다. 그러기 위해 개발자는 인간을 연구하는 사람들의 요구 사항을 소프트웨어에 반영해야 합니다. 인문학이나 심리학 등을 공부하기에는 시간이 부족합니다. 그러므로 개발자는 심리학자, 정신과 의사, 작가들과 협업해 기술과 인간이 융합하는 따뜻한 기술을 만들어 내야 합니다.

코로나 팬데믹이 종식되어도 비대면 사회에 대한 요구는 계속될 것입니다. 가난하고 소외된 사람들은 더 외로울 것입니다. 이러한 격차를 줄일 수 있는 것이 바로 '따뜻한 소프트웨어'입니다. 개발자는 객지 생활 중 잠시 고향집에 갔을 때 어머니가 차려준 따뜻한 된장국 같은 소프트웨어를 개발해야 합니다. 개발자는 인간을 사랑하는 철학자가 되어야 합니다. 그래야만 따뜻함이 있는 소프트웨어가 나오고 그 기술로 인해 사회는 더 따뜻해집니다.

외로움 바이러스의 확산

금방 끝나리라 기대했던 코로나 팬데믹이 장기화된 모양새입니다. 언제 다시 들불처럼 확산할지 몰라 불안합니다. 앞으로 더 긴 밤을 보내야 한다면 '조금만 더 버텨보자'라는 기존의 방식에서 벗어나 이 시기를 즐길 방법을 진지하게 고민해 보았으면 합니다. 가장 암울하고 힘든 시기를 보내고 있는 나와 가족, 이웃들을 위해 적극적이고 창의적인 문화를 기획해야 할 때입니다. 인간의 힘, 문화의 힘은 절망 한가운데에 희망을 심어줄 도구입니다.

무엇보다 스스로 단단한 일상을 만들어야 하는 시기입니다. 요즘은 만남, 이동, 외출이 줄고, 근로 시간 단축과 재택근무 형태의 자율 근무가 많아졌습니다. 이럴 때일수록 작고 소소한 습관으로 일상을 지켜 내야 합니다. 정혜신 작가가 한 말처럼 오늘 누군가에게 "지금, 네 마음이 어떠니?"라고 물어보면 좋겠습니다. 불안해하거나 침묵하는 상대의 눈을 바라보며 "지금, 네 마음이 어떠니?"라는 질문을 던지는 것입니다. 단, 이 마음의 처치 과정에서 반드시 지켜야 할 규정이 있습니다. 충고, 조언, 평가, 판단을 금하는 것입니다. "네가 그렇게 힘들었는데, 내가 몰랐구나" 같은 망치 같은 각성 한마디면 충분합니다. 오늘 당신의 마음이 우울하지 않았으면 좋겠습니다.

외로움은 감염만큼이나 위험합니다. 영국의 가장 영향력 있는 경제학자 노리나 허츠 박사의 저서 『고립의 시대』에 의하면 "외로움은 그저 정신 건강상의 위기만이 아니다. 외로움은 우리의 신체 건강까지 위협한다. 연구 결과 외로움은 운동을 전혀 하지 않는 것보다 더 우리 몸에 해를 끼쳤다. 또한 알코올의존증과는 비슷한 수준으로, 비만보다는 2배나 더 우리 몸에 해로운 것으로 나타났다. 외로움은 담배를 매일 15개비씩 피우는 것만큼이나 해롭다"라고 말합니다. 즉, 지속적 고립은 건강을 해칩니다. 외로운 사람은 운동을 전혀 하지 않거나 비만한 사람보다 심근경색, 뇌졸중에 걸릴 확률이 20% 높고, 치매에 걸릴 확률은 60% 이상입니다. 외로움은 감정이 아니라 질병의 근원입니다.

우리는 외로움을 해소할 방법을 찾아야 합니다. 동네 카페의 바리스타와 20초 이상 안부 대화를 나누세요. 분리수거 하다가 만난 아파트 경비원 또는 이웃과 대화를 나누세요. 마주친 사람, 이웃과 몇 초라도 인사를 나누며 사는 곳에 뿌리내리면 외로움에 저항할 수 있습니다.

영국에는 '외로움 담당 장관'이라는 직책이 있습니다. 외로움 장관에게 할당된 예산은 적고 권한도 제한적이라 비록 영향력은 미미하지만, 그 존재만으로도 국민은 외로움을 개인의 문제가 아니라 사회적 문제로 인식하고 연대합니다. 인간은 평생 소속감을 나눌 존재가 필요합니다. 함께 밥을 먹는 모임을 만드는 것도 좋습니다. 만나서 함께 식사하고 수다를 떠는 것만으로도 행복해질 것입니다. 공원에 담소를 나눌 벤치를 만드는 건 어떨까요? 이 벤치는 마을 공동체를 유지하고 행복을 지탱하는 뿌리가 될 것입니다.

이제는 정부가 나서서 외로움 문제를 해결할 때입니다. 마을 공동체를 유지해 소외당하는 사람이 없도록 해야 합니다.

그러나 고독의 시간을 물리치지는 마세요. 코로나 팬데믹으로 강제된 고독의 시간은 우리에게 내면의 소리에 귀 기울이고, 타인과의 관계를 재정립하게 했으며, 내면의 단단함을 선물했습니다. 가장 빛나는 별을 보려면 가장 깊은 밤으로 걸어가야 합니다. 그것이 가장 아름다운 별을 보는 방법입니다. 아름다운 삶이 대게 고독 속에서 탄생했다는 것은 놀랍지 않습니다. 고독은 철저한 자기 객관화 과정이자 성숙의 과정입니다. 고독은 새로운 세계로 들어가기 위한 준비 시간입니다. 외롭다고 여기저기 기웃거리거나 술자리를 찾지 마세요. 고독 속에 있을 때 보이는 것과 내면에 집중하는 것이 좋습니다.

개발자도 절대 고독의 시간으로 들어가야 할 때가 있습니다. 홀로 프로그래밍하는 시간이 바로 외부와 단절된 채 고독해야 할 시간입니다. 회사에 홀로 남아 프로그래밍할 때 한층 더 성장합니다. 이런 고독한 과정을 거쳐야 실력을 쌓고, 만족스러운 연봉을 받고, 일찍 일을 마치고 퇴근할 수 있습니다. 일에 치이지 않는 정상적인 자기만의 삶을 살 수 있습니다. 소프트웨어 개발자는 고독해야 코딩을 더 잘하게 되고, 작가는 고독해야 글을 더 잘 쓰게 됩니다. 고독 속에서 만들어진 결과물은 사회에 선한 영향력을 끼칩니다.

04

사회 변화에 따른 IT 시장의 변화

코로나 팬데믹은 디지털 전환을 가속하고 언택트 시대로의 전환과 뉴노멀(New Normal) 시대를 열었습니다. 이제 한국 경제의 미래는 '디지털'과 '인공지능' 연관 산업에 달려 있습니다. 이때 개발자에게 필요한 것이 디지털 사회로의 변화에 대해 알고 자기 자리에서 성실하게 미래를 준비하는 것입니다. 그래야 디지털 사회 속에서 풍성하게 열매를 맺을 수 있습니다.

정부는 초고속 통신망 구축과 함께 소프트웨어 인프라 구축에 집중 투자해야 합니다. 인공지능 시대에 걸맞은 국가 인프라는 디지털 전환을 위한 기초적인 토대입니다. 그리고 국회는 다가올 디지털 시대에 맞는 법과 제도의 옷을 만들어야 합니다. 개인 정보는 보호하면서 실명이 아닌 정보를 이용해 빅데이터를 활용하게 하는 등 디지털 전환을 위한 규제 완화를 실시하는 것입니다. 또한, 교육 기관과 기업은 바로 실무에 투입될 수 있는 창의적인 IT 전문가를 양성해야 합니다. 초중고의 코딩 교육 확대도 이러한 교육의 일환입니다. 기업은 제조업에서 벗어나 디지털 산업으로의 패러다임으로 전환하는 비즈니스 모델을 개발하는 것도 중요합니다. 이에 개인은 퍼스널 브랜딩을 통해 누구와도 경쟁할 수 있는 전문가가 되어야 할 것입니다. 즉, 인간 중심의 공감을 디지털에 융합해 우리나라를 디지털 국가로 우뚝 설 수 있도록 디지털 씽킹(Digital thinking)해야 할 때입니다.

디지털 전환은 거역할 수 없는 역사적 흐름이며, 국가와 기업의 생명이자 해결해야 할 과제입니다. 디지털 전환을 위한 방향을 설정하고, 끈질긴 인내심으로 실천할 때 세계 경쟁에서 살아남을 것입니다. 그리고 그 디지털 전환의 중심에 있는 것이 소프트웨어 개발자입니다.

위키피디아의 정의에 따르면 '소프트웨어 공장'이란, 일련의 조립 프로세스를 기반으로 사용자의 요구 사항에 따른 소프트웨어 앱 또는 소프트웨어 컴포넌트를 쉽게 개발할 수 있도록 소프트웨어 자산을 구조적으로 모아놓은 것을 말합니다.

소프트웨어 개발은 SRS 문서를 바탕으로 재사용할 수 있는 코드와 템플릿(Template)을 이용해 조립하듯이 배포되어야 합니다. 볼트와 너트가 부품 조립을 쉽게 하듯이, 프로그래밍도 쉬워야 디지털 전환에 가속도를 붙일 수 있습니다. 기능 구현을 위해 새로 프로그래밍한다면, 신규 컴포넌트(부품)를 만드는 과정일 뿐입니다.

2022년, 카타르는 도하의 월드컵 구장을 974개의 컨테이너로 만들어 차후 완벽히 해체할 수 있도록 했습니다. 소프트웨어 역시 컴포넌트를 쌓아서 프로그램을 만들고, 이후 해체해 재사용할 수 있어야 합니다.

소프트웨어 공장의 이런 방식은 소프트웨어를 단시간 내에 고품질의 소프트웨어를 개발하게 합니다. 모든 컴포넌트에 대한 이해 및 사전 지식이 없어도 정확한 사양, 이에 부합하는 컴포넌트 그리고 일관성 있는 조립 및 검증 프로세스를 아우르는 시스템으로 짧은 시간에 소프트웨어 배포가 가능합니다. 이러한 소프트웨어 공장은 디지털 전환에 가속도를 붙여줄 것입니다.

순댓국집 사장님도 메타버스에 빠졌다

어느 날 저녁을 먹으려고 순댓국집에 들어갔는데, 50대 중후반은 되어 보이는 분들이 둘러앉아 서버와 로그인에 관해 이야기하고 있었습니다. 참 생경한 풍경입니다. 순댓국을 먹는 게 아니라 마치 핸드폰을 들고 게임을 하는 것처럼 보였습니다. 궁금해서 사장님께 물어보니, 구글어스2라는 메타버스 플랫폼을 이용해 가상현실에서 부동산을 사고팔고 있다고 하십니다. 실제 코인을 이용해 가상의 도시에서 서울시청 건물도 사고, 압구정동 아파트도 사는 것이었죠. 이를 보며 메타버스가 게임산업을 필두로 한 아동과 청년을 넘어 중장년층에게까지 영향을 미치고 있다는 걸 느낍니다. 순댓국집 사장님은 메타버스 세계를 자세히 알려주시며 저에게 여력이 있으면 투자하라고 덧붙이셨습니다.

메타버스는 실크로드와 같습니다. 실크로드가 동서양 문명을 이었다면, 메타버스는 가상현실과 새로운 길을 잇습니다. 사람들은 실크로드를 통해 동서양을 하나의 세계라고 인식했습니다. 메타버스 역시 모든 인류가 하나로 결합한 세상이라고 이해하면 쉽습니다.

현재 메타버스 플랫폼 사업은 도로나 항만처럼 국가 기간산업입니다. 이제는 '메타버스에서 어떤 경제적인 이득을 얻고 행복을 추구해야 하는가'를 고민해야 할 때입니다. 메타버스는 실크로드처럼 문명의 새로운 전환점이 될 것입니다.

가상공간은 내가 쓴 시나리오가 곧 법칙이 되는 공간입니다. 감시의 시선도 없습니다. 잘못된 시나리오를 만들어도 처벌받지 않습니다. 난폭하고 인류의 정서에 맞지 않아도 심의할 규정은 마땅치 않으며, 우후죽순 생기는 가상공간에서 옳고 그름을 판단하기도 쉽지 않고, 한창 자라는 메타버스 새싹을 자를 수도 없는 노릇입니다.

시니어 개발자의 역할이 중요합니다. 많은 개발자가 숲을 보지 못하고 나무만 보며 자기 일을 마칩니다. 그러나 시니어 개발자는 전체적인 숲을 조망하듯이 개발 중인 메타버스 스토리가 사회에 선한 영향력을 미칠 수 있는지를 고민하며 개발합니다. 메타버스 총연출자는 메타버스 세계를 자신만의 철학과 옳다고 생각하는 방향으로 만들어야 합니다. 옳고 그름을 판단할 줄 아는 윤리적인 시각을 견지해야 할 것입니다.

요즘에는 놀이터에 아이들이 별로 없습니다. 초등학생만 되어도 포켓몬고나 로블록스를 이용한 메타버스 게임에 빠져들었기 때문입니다. 제가 아는 고등학교 1학년 학생도 하루에 몇 시간씩 메타버스 게임을 붙들고 삽니다. 이런 자녀를 둔 부모는 아이가 노출된 세상을 알 수 없어 무척 걱정입니다. 그 세계를 세밀히 알 수 없으니 자녀와 공감할 길이 없습니다. 이처럼 메타버스가 발전할수록 부모와 청소년인 자녀 사이가 멀어지는 일이 많습니다. 융합의 장이 되어야 할 메타버스가 차별의 공간으로 변하고 있습니다.

아마 인류는 메타버스를 사용하는 인류와 메타버스를 사용하지 않는 인류로 나뉠 것입니다. 그리고 메타버스를 이용하는 인류가 조금 더 많은 기회를 잡아 윤택하게 살 것입니다. 이 격차를 해소하기 위해서 메타버스는 사람을 사랑하는 따뜻한 공간이 되어야 합니다. 메타버스에 선하고 유익한 콘텐츠가 많아, 부모가 게임에 빠져 눈동자가 풀린 자녀를 걱정스럽게 바라보는 일이 없어야 합니다. 그러기 위해서 개발자는 사회에 선한 영향력을 미칠 수 있도록 도덕적인 기준의 잣대를 높여야 합니다. 사회에 독버섯 같은 소프트웨어를 개발해 배포하면 안 될 것입니다.

자율주행차 시대의 도래

저는 종종 춘천에서 양평으로 출퇴근합니다. 양평과 춘천을 잇는 도로에는 차가 거의 없습니다. 약 한 시간 거리를 무료하게 달리는 게 대부분입니다. 이런 곳에 자율주행차 기반 시설이 갖춰진다면 효율적일 거라는 생각을 해봅니다.

완전 자율주행차가 도입된 세계를 상상해봅니다. 완전 자율이 가능해지면 인류는 차 안에서 부족한 잠을 보충하거나, 다 읽지 못한 책을 읽거나, 일찍 일을 시작하는 등 조금 더 생산성 있는 일에 시간을 사용할 것입니다. 저라면 오늘 개발할 프로그램의 알고리즘을 구현하거나 코딩을 하는 데에 시간을 사용하겠죠. 글을 쓸 수도 있을 것입니다. 또, 자율주행차를 소유의 개념이 아니라 공유의 개념으로 인식하게 된다면 어떨까요? 아마 주유, 정비, 세차 같은 데에 시간을 쓰지 않게 될 것입니다. 즉, 보편화한 자율주행차는 운전의 수고와 차를 유지하는데 쓰는 수고를 덜어 인간에게 새로운 시간을 선물할 것입니다.

저는 자율주행차 개발 과정이 1990년대 말 이동통신 개발 과정과 비슷하다고 생각합니다. 자율주행차 개발 단계를 이동통신 진화 과정과 비교해보겠습니다.

첫째, 자율주행 도로 시스템입니다. 2000년대 초에 이동통신 사업자들은 서비스 제공 지역을 포괄하는 기지국들을 설치했습니다. 마찬가지로 자율주행차를 정상적으로 서비스하기 위해서는 도로에 지능형 센서와 같은 다양한 장치를 설치해야 합니다. 세상 모든 길에 정보수집 센서를 설치하려면 힘들고 긴 여정이 될 것입니다. 그 범위를 전 세계로 확장하려면 훨씬 더 오랜 기간이 필요하겠죠. 완벽한 자율주행차가 있더라도 달릴 수 있는 도로가 없으면 무용지물입니다.

둘째, 자율주행차입니다. 이동통신 사업자들이 기지국을 설치하는 동안 단말기 개발업체들은 통신용 칩을 장착한 이동통신 단말기를 개발했습니다. 자율주행차도 하드웨어 제작이 먼저입니다. 현재 자동차 기업은 전용 칩을 개발해 자율주행 관련 데이터를 처리하도록 하거나, 차별화된 하드웨어를 개발하고 있습니다.

셋째, 자율주행차를 위한 소프트웨어입니다. 구글과 애플은 기지국과 단말기 설치를 완료한 후 스마트폰에 소프트웨어를 탑재했습니다. 자율주행차는 기름이 아닌 소프트웨어로 달리는 자동차입니다. 구글은 원래 스마트폰 제조업체가 아닌 소프트웨어 공급업체였습니다. 마찬가지로 구글은 자율주행 부문에서 자동차 제조업체가 되기보다는 자율주행차를 제어하는 소프트웨어 공급업체가 될 가능성이 큽니다. 이렇게 되면 모든 자동차 제조업체가 구글의 고객이 될 수도 있을 것입니다. 앞으로 하드웨어는 중요성을 잃게 되고 소프트웨어가 자율주행차 기술의 핵심이 될 가능성이 있습니다.

안드레아스 헤르만의 저서 『자율주행』에서는 자율주행을 0단계에서 5단계로 분류합니다. 현재 자율주행은 운전자가 주행 상태를 감시할 필요는 없으나, 시스템이 요청하면 일정한 시간 동안 운전할 준비를 해야 하는 3단계까지 진행되었습니다. 앱이 업데이트되는 것처럼 자율주행차뿐 아니라 도로 위의 네트워크 시스템도 업데이트됩니다. 그런데 이렇게 도로에 데이터가 많아지면, 해킹 이슈가 수면 위로 오를 것입니다. 이 부분에도 개발자가 할 일은 많아지겠지요.

운전석에 운전자가 없는 자율자동차 시대가 코앞에 이르렀습니다. 자율주행차의 핵심은 프로그래밍 코드와 알고리즘으로 이루어진 소프트웨어뿐만 아니라 레이더, 초음파, 레이저 등을 사용하는 센서와 카메라입니다. 또한, 무인 자동차의 핵심은 '처리장치, 카메라, 빛 탐지 및 측정, 레이더, 초음파' 등 환경을 인식하고 해석하는 데 필요한 기술입니다. 자율주행자동차는 이동하면서 기반 시설 및 다른 자동차와 통신하며 정보를 주고받습니다. 이 처리 과정에서 소프트웨어의 역할은 필수적입니다. 자율주행차 분야에서도 개발자가 해야 할 일이 많을 것입니다.

창조 지능의 시대

인공지능을 넘어 창조 지능(CI, Creative Intelligence)으로 나아가야 합니다. 창조라는 단어는 모든 존재의 최초, 단 한 번만 명명되는 거룩한 단어입니다. 즉, 창조 지능이란 '새로움을 만드는 지능'입니다. 그리고 디지털 전환이 가속화하는 지금이야말로, 자기 머리로 자기만의 생각을 할 줄 아는 창조적 사고를 가진 인재가 필요한 시기입니다. 반복적이고 단순한 일은 인공지능에 맡기고, 인간은 남는 시간에 창조적인 세계에 몰입해야 합니다.

인공지능은 스스로 학습하여 결과를 도출합니다. '제공받은 데이터 A와 풀고자 하는 문제의 정답 B'의 관계를 스스로 학습하려 합니다. 몇 개의 단순한 규칙으로만은 풀 수 없는 복잡한 현실 세계의 문제도 인공지능은 너무나 높은 정확도로 풀어냅니다. 인공지능은 명확한 규칙에 따라 문제를 풀어 나가는 것이 아닌 학습을 기반으로 문제를 풀어 나갑니다. 알고리즘이 음식을 만드는 고정된 레시피라면, 인공지능은 다양한 레시피를 만드는 과정입니다.

저는 요즘 자동 코드 완성 인공지능 '깃허브 코파일럿(GitHub Copilot)'을 사용해 프로그래밍합니다. 깃허브 코파일럿은 깃허브의 방대한 공개 소스 코드를 학습한 인공지능입니다. 원하는 함수를 입력하면 코드를 자동으로 생성해주어, 프로그래밍의 생산성을 높입니다. 기존의 코드를 찾거나, 소스를 얻기 위해 인터넷을 검색하던 의미 없는 반복 노동을 줄일 수 있게 된 것이죠. 그러나 깃허브 코파일럿과 같은 인공지능을 제대로 사용하려면 인공지능이 제시한 코드를 이해할 수 있어야 합니다. 개발 경험이 적은 주니어 개발자나 새로운 언어를 학습해야 하는 수준의 개발자에게는 오히려 독이 될 가능성이 있습니다. 스택 오버플로에서 알 수 없는 소스 코드를 복사하고 붙이는 과정과 같아질 뿐이죠. 그러므로 프로그래밍 언어를 능숙하게 사용할 수 있도록 하고, 경험을 쌓으시길 바랍니다. 깃허브 코파일럿 같은 인공지능의 등장은 수준 낮은 코드를 없애고, 더욱더 프로그래머의 전문성을 요구하게 될 것입니다.

깃허브 코파일럿과 같은 인공지능은 아마 개발자를 완전히 대체하기보다는 조력자의 역할로 남을 것입니다. 이에 개발자는 인공지능이 대체할 수 없는 창조 지능을 통해 '인공지능을 활용할 줄 아는 개발자'가 되는 것이 좋습니다.

지금은 인공지능과 창조 지능 사이를 자유롭게 거닐어야 할 때입니다. 풀이나 나무의 줄기 한가운데에 있는 연한 고갱이처럼 인공지능에도 고갱이 같은 핵심적인 창조 지능이 포함되어야 합니다.

제가 창의성을 일깨우는 방법은 자연과 함께하는 것입니다. 춘천의 중도 섬을 드라이브하다가 경치가 좋은 카페에 들렀습니다. 창밖에는 초록이 무성하고 흰 구름이 평안하게 흘러갑니다. '어떻게 저렇게 맑고 파랄 수 있을까'라는 생각이 들 정도로 하늘이 찬란합니다. 이 아름다운 자연을 글에 담고 싶은데 천분의 일만큼도 표현하지 못하는 게 아쉬울 따름입니다. 옅은 바람에도 쉴 새 없이 흔들리는 포플러는 사랑을 갈구하는 모습 같아 안쓰러워 보입니다. 이런 모습들이 너무 아름다워 눈물이 나려 합니다. 결국, 인간의 감수성과 창의력을 일깨우고, 상처받은 마음을 치유해주는 것은 자연입니다. 매일 저녁 걷는 길이지만 자연은 매일 다른 신비함을 줍니다. 노란색, 빨간색의 양귀비꽃은 자주 보다 보니 말을 하는 사이가 되어 버렸습니다. 오늘은 큰 나무 작은 나무 차별 없이 쓰다듬습니다. 소나무는 까칠까칠한 껍질이 손에 닿을 때 더 애정이 갑니다. 울퉁불퉁한 껍질이 마치 고난의 무늬가 새겨진 어머니의 손 같습니다.

창조 지능은 앞으로 더 요구될 능력입니다. 기술적인 지식보다는 기술을 이용해서 창조적인 행위를 하는 것이 더 중요한 시대이기 때문입니다. 창조성과 상상력이 풍부해야 살아남을 수 있습니다. 지나가는 사람을 바라보는 마음, 하찮은 기억들, 친구들의 마음을 인공지능은 알 수가 없습니다. 인간 마음을 알아내고 그것을 기술과 연결한 상품만이 인간에게 유익한 상품이 될 것입니다.

또한 인공지능을 이기는 힘인 창조력과 상상력은 바로 생기는 게 아닙니다. 창조력과 상상력은 생각 근육을 길러서 폭넓은 지식과 융합하고, 깊은 생각으로 빠져들어 창조 세계로 들어갔을 때 비로소 만들어집니다.

창조는 편집입니다. 하늘 아래 무의 상태에서 만들어지는 것은 없습니다. 기존에 존재하는 것들을 용접하고 땜질해서 새로운 창조물을 만들어내는 것입니다. 인공지능에 관한 기술을 습득하는 것도 중요하지만 그보다 먼저 창조력과 상상력이 풍부해질 수 있도록 훈련해야 합니다. 숲은 창조 공간이고 쉼의 공간이고 마음을 치유하는 장소입니다. 숲이 내 마음을 잘 알고 소나무들과 꽃들이 내 마음을 잘 압니다. 자연과 인간, 기술이 하나가 될 때 가장 이상적인 세상 모습이라고 생각합니다. 지금은 인공지능을 넘어 창조의 씨앗을 심고 창조의 열매를 맺는 시기가 되어야 합니다.

이어령 선생님은 이세돌과 알파고의 바둑 대결을 언급하며, 인간은 인공지능과 싸워서 이길 수 없다고 했습니다. 그러고는 "인간은 말과 경주하지 않습니다. 말과 경주하면 인간이 집니다. 말의 등에 올라타 이용하는 존재로서 인간과 말이 하나가 되는 게 중요하다는 점을 명심해야 합니다"라고 조언했습니다. 공존의 자세로 인공지능을 제어할 수 있느냐를 고민해야 한다는 것입니다.

더불어 "인공지능을 만든 사람에게 기대를 거는 것이 아니라 인공지능을 제어할 수 있는 사람에게 기대를 거는 겁니다. 그 사람은 인간을 사랑하고, 어려운 사람의 아픔을 같이 느끼는 사람일 거예요. 시각 장애인들이 지팡이를 버리고 자동차를 탈 수 있는 것. 그것이 바로 인공지능이 하는 일입니다"라고 강조했습니다. 소프트웨어 개발자라면 인공지능을 이용해서 어떤 것을 만들겠다는 창의적인 생각을 갖고 있어야 합니다.

PART 2

프로그램만 잘 만든다고 개발자는 아닙니다만

01

내가 입문한 방법

숲을 산책하는데 질경이가 눈에 들어옵니다. 질경이는 땅바닥에 붙어 자라는 볼품없는 잡초입니다. 그러나 옥토를 마다하고, 뿌리내리기 힘든 척박지를 골라 자신의 삶을 개척하는 생명력 있는 풀이기도 합니다.

이런 질경이를 보니, 개발자로 살아온 그간의 삶이 스칩니다. 지금껏 여러 소프트웨어 회사를 거치며 25년간 질경이처럼 개발에 매진했습니다. 지금은 의료진단기기 회사에서 인류의 건강 증진에 기여하고 생명 존중의 가치를 구현하고자 하는 사명감으로 인간의 질병을 판단하는 안드로이드 기반 소프트웨어를 만들고 있습니다. 그리고 퇴근 후에는 매일 숲을 산책합니다. 살구꽃이 피고 지는 것을 보며 천천히 걷습니다. 숲길은 완만합니다. 숲에 몸을 숨기면 나도 모르게 속도가 느려지고 마음이 정리됩니다.

저는 1997년에 컴퓨터공학과를 졸업해 바로 취업했습니다. 당시 개발자는 인기 직종이었고, 컴퓨터공학과는 유망한 학과였죠. 그러나 당시에는 이렇게 오래 소프트웨어 개발자로 살게 될지는 상상도 하지 못했습니다. 프로그래밍 언어를 배운다는 건 뛰어넘을 수 없는 벽처럼 느껴졌고, 어려운 C, C++ 언어로 척척 과제를 내는 친구들을 부러워했습니다. 그들과 비교하면 저는 조금 초라한 상태였습니다.

결국, 프로그래밍에 대해 잘 모르는 상태로 회사에 이력서를 내고 취업했습니다. IMF 전이라 상당히 많은 개발 인력을 채용할 때였고, 회사도 건실해 마음에 들었습니다. 그러나 저는 회사를 만족시켜 줄 수 없었습니다. 내가 잘하는 것과 회사가 원하는 것 사이에는 현격한 차이가 있었습니다.

제 사수는 품격 있는 개발자였습니다. 그러나 좌충우돌하며 정리되지 않은 제 모습에 사수는 폭발하고 말았습니다. 그때부터 저는 빚에 쫓기는 빚쟁이처럼 매일 쫓기듯이 프로그래밍했습니다. 시간이 부족해 매번 보여주기식의 데모 프로그램으로 하루하루를 연명했습니다. 프로그래밍 실력이 늘기는커녕 매번 부족함을 느끼며 마음에 상처는 점점 깊어졌습니다.

당시 지리정보시스템(GIS, Geographic information system)은 주목받는 분야여서, 지리정보시스템으로 추진되는 공공사업도 많았습니다. 지금은 네이버 지도, 카카오맵, 구글맵 등을 켜서 클릭 한 번으로 지도를 볼 수 있지만, 당시에는 특정 위치를 지도로 띄우는 일조차 매우 어려운 기술이었죠. 세계적으로도 지리정보시스템 소프트웨어는 상품화하기가 까다로운 분야였습니다. 그런데 코딩 실력도 안 되는 제가 그 결과물을 내야 하는 업무를 맡았습니다. 마음은 무거웠고, 마치 아파트 견본 주택을 지었다가 다시 부쉈다가 또 지어보는 겉보기식 코딩으로 하루하루를 소비했습니다.

프로그래밍을 제대로 배우기 시작한 건, 몇 년 후 팀을 옮겨 두 번째 사수를 만나면서부터입니다. 개성 있고, 코딩에 자존심이 강한 사수는 저에게 C++, MFC와 객체 지향에 대해서 체계적으로 가르쳐주었습니다. 업무도 열심히 하면 충분히 해낼 수 있는 정도를 할당했습니다. 그렇게 조금씩 프로그래밍 실력이 늘었습니다. 그 사수를 통해 코딩의 세계에 제대로 입문하게 된 것입니다.

회사에서 누구를 만나느냐에 따라 회사가 천국이 되기도 하고, 지옥이 되기도 합니다. 좋은 개발자를 만나는 것은 중요합니다. 그들의 조언은 좌절하지 않고 성장하게 하는 힘이 있습니다. 주변에 순수하게 코딩 정보를 공유하고, 힘들 때 위로의 말을 건네는 이가 있다면 개발자로서 잘 견디며 살 수 있습니다. 물론, 이런 사람을 만날 확률이 높지는 않습니다. 자기 일도 바쁜데 친근하게 다가와 업무를 도와줄 개발자는 많지 않으니까요. 이럴 때는 유튜브, 책, 유료 강의를 이용해 좋은 스승을 만날 길을 넓혀보세요. 책보다는 온라인 수업을 추천합니다. 두꺼운 프로그래밍 책을 처음부터 끝까지 읽는다고 해서 프로그래밍 실력이 느는 건 아닙니다. 되도록 온라인 강의 등을 통해 직접 부딪히고, 문제에 맞닥뜨리며 배우시길 바랍니다.

개발자는 기본적인 코딩을 할 정도의 코딩 실력을 갖춰야 합니다. 처음에는 기본적인 것만 알고 개발을 해 나가면서 고급 기술을 습득하는 편이 좋습니다. 언어를 모르면 개발 업무는 시작할 수가 없습니다. 프로그래밍 언어 중 하나는 잘 해놓아야 자신감이 생기고 당당하게 업무에 임할 수 있습니다. 코딩 실력이 어느 정도 되어서 주변을 돌아볼 여유가 생겼다면 주위 동료나 후배들을 돕는 좋은 사수가 되길 바랍니다.

실리콘밸리의 직장인들은 중고등학교에 방문해 자신의 분야를 수업하는 봉사를 합니다. 학생들에게 좋은 경험을 제공하기 위함도 있지만, 가르침을 통해 자신 또한 배우기 위함입니다. 가르치면 부족한 부분을 발견하여 자기 실력을 객관화할 수 있습니다. 즉, 가르친다는 것은 부족한 부분을 채우고, 실력을 향상해 업무에 기여하고, 성장하는 과정입니다. 후배 개발자를 위해서 좋은 사수가 되어 기억에 오래 남는 개발자가 되는 것도 의미있는 일입니다. 저는 두 번째 사수한테 늘 감사한 마음을 갖고 있습니다.

SRS 문서는 소프트웨어 개발에도 필요하지만, 신입 개발자를 온보딩(On-Boarding, 회사와 그 회사의 교육, 시스템, 문서 체계를 비롯한 기업 문화에 신입 직원을 통합하는 프로세스)하는 데도 유용합니다. 실제로 문서 체계를 갖춘 회사는 신입 개발자의 실전 투입이 빠릅니다. 개발자 스스로 궁금한 점을 찾아 공부할 수 있기 때문입니다. 분석과 설계에도 금방 유능해집니다. 문서 체계와 온보딩 시스템을 갖춘 회사는 개발자들이 개발하기 위해 알아야 할 정보의 범위가 좁으며, 때로는 자신이 개발해야 할 시스템이 인터페이스 요구 사항만 알면 되기도 합니다.

개발자로서 경계해야 할 점은 기술을 반복해 사용하는 것입니다. 무기력과 탈진 상태에 이르게 되는 행위입니다. 최악의 개발자는 경력만 많고 실력은 그대로인 개발자입니다. 생계를 위해서만 코드를 작성하는 사람은 매일 의미 없는 삽질을 하는 것과 같습니다. 소프트웨어 개발자는 자기 일을 사업으로, 자기 경력을 실력으로 생각하며 일해야 합니다. 직장인이 아니라 직업인으로서 임하세요. 사용자를 개발사의 고객이자 상품 비용을 주는 사람이라고 생각하면 수동적인 태도에서 벗어날 수 있습니다.

개발자는 생산성을 높일 방법을 스스로 찾아야 합니다. 손흥민 선수가 공을 자유자재로 다루듯이, 프로그래밍 언어를 자유롭게 다룰 수 있도록 파고드시길 바랍니다. 노코드 열풍이 불고 있어 쉽게 코딩하는 툴이 많이 나오고 있으니 코딩을 두려워하면 안 됩니다. 부딪혀보면 별거 아닙니다. 몇십 년 활동한 개발자보다 더 잘할 수도 있습니다. 코딩은 잘하겠다는 의지만 있으면 금방 시작할 수 있습니다. 여기에 업무 분석과 설계 능력까지 갖춘다면 고급 개발자로서 두각을 나타내게 될 것입니다. 개발 경력은 아무 의미가 없습니다. 1년을 코딩했더라도 열정적이고 체계적으로 코딩했다면, 25년간 코딩한 사람보다 훌륭한 개발자입니다. 사업가 정신으로 개발하고 생산성 있게 코딩하고 있다면 그것만으로도 최고의 개발자입니다.

02

소프트웨어 개발자가 하는 일

소프트웨어 개발에 코딩은 기본이지만, 기본만 해서는 좋은 개발자라고 볼 수 없습니다. 좋은 소프트웨어 개발자는 프로그램 개발에 대한 요구 사항을 정확히 분석하고 설계하는 능력을 갖춘 사람입니다. 종종 자신이 무엇을 만드는지 제대로 이해하지 못한 채 바로 코딩으로 들어가는 개발자가 있는데, 이러면 백발백중 실패한 소프트웨어를 만들게 됩니다.

소프트웨어 개발은 내가 무엇을 개발해야 하는지 이해하는 데서 시작합니다. 예를 들어, 공장의 자동화 시스템을 위한 소프트웨어를 요청받았습니다. 사용자는 컨베이어 벨트 위로 이동하는 상품의 품질 상태를 자동으로 판단하는 소프트웨어를 원합니다. 이에 개발자가 맨 처음 할 일은 '어떤 부분을 소프트웨어로 개발할지'를 명확하게 정리하는 것입니다. 그러기 위해서는 사용자의 요구 사항을 충분히 듣고 파악해야 합니다. 물론, 사용자의 요구 사항은 몇 번이고 번복됩니다. 이는 SRS 문서에 반드시 작성해 두어야 합니다.

SRS 문서 작성하기

김익환·전규현은 저서 『소프트웨어 스펙의 모든 것』에서 SRS 문서에 대해 "SRS는 specification 혹은 spec(스펙)이라고도 한다. 어떠한 형태의 스펙 문서를 작성하더라도 스펙 작성의 원리를 이해하는 것은 매우 중요한데, 이때 요긴한 것이 바로 SRS다. SRS에는 스펙을 작성할 때 생각하는 방법, 작성하는 프로세스, 기록해야 할 내용, 각 내용의 작성 가이드가 모두 수록된다"라고 했습니다. 즉, SRS는 소프트웨어 개발 프로세스의 시작인 소프트웨어의 요구 사항을 분석하고 정의하는 단계에서 작성되는 최종 산출물입니다. 소프트웨어 요구 사항 명세서의 양식 표준은 IEEE Std.830-1998 요구 사항 명세서 양식에 따릅니다.

SRS 문서는 건축의 설계 도면에 해당합니다. 건물은 건축주가 의뢰한 바를 설계 도면에 반영해 짓는 것이지, 건축업자가 자기 개성대로 짓는 게 아닙니다. 소프트웨어도 마찬가지입니다.

먼저 SRS 문서에 기반하여 소프트웨어를 짓습니다. 그리고 사용자의 요구 사항과 개발 내용을 파악했으면, 그 내용을 어떻게 구현할 것인지를 SRS 문서에 업데이트합니다. 번복된 요구 사항이 있다면 이도 SRS 문서에 반영해 업데이트하고 버전을 올려 저장합니다. SRS 문서는 어떤 소프트웨어를 개발할지 정확히 알 수 있는 나침반과 같은 존재입니다. 물론 SRS 문서 없이 바로 코딩을 하고 싶은 욕구가 생길 것입니다. 약간의 인내심이 필요한 일입니다. 그러나 기억하세요. SRS 문서를 작성하기 전에는 코딩하면 안 됩니다. 배가 산으로 갈 수 있습니다. 애자일 소프트웨어 개발을 선호한다고 해도 설계는 필요합니다. 설계 없이 개발한다는 건 기둥도 세우지 않고 벽돌을 쌓는 것과 같습니다.

또, SRS 문서를 작성하는 일은 모두가 행복해지는 길입니다. 관련 부서와 협업하며 프로젝트를 체계적으로 관리할 수 있기 때문입니다. 회사의 사활이 걸린 프로젝트일수록 심혈을 기울이세요. SRS 문서는 프로젝트의 성공률을 높이고, 글로벌 회사로 발돋움할 수 있는 발판이 됩니다.

그러나 SRS 문서를 아무리 잘 작성해도 프로젝트의 일정을 맞추지 못하면 실패입니다. SRS 문서가 프로젝트를 빨리 끝내는 데 도움을 주지 못하면 무의미합니다. 형식적으로 SRS 문서를 만들지 않는 것이 중요합니다. 인증서를 얻기 위해 모든 개발이 난 후 형식적으로 작성하는 것이 최악입니다. SRS 문서 작성의 효용을 정리하면 다음과 같습니다.

첫째, 잘 작성된 SRS 문서는 프로젝트를 체계적으로 관리하게 합니다. 작은 단위로 관리되고, 팀 간의 종속 관계가 최소화되어야 프로젝트의 복잡도가 감소합니다. 이때, 분석 설계자는 많은 이해관계자와 토론하고 의견을 수렴해서 정리하게 됩니다. 컴포넌트를 나누고 리뷰 피드백을 받아 SRS 문서를 발전시켜 나가길 바랍니다. 이렇게 직접 SRS 문서를 작성하는 과정을 거치면 자연스럽게 능력 있는 분석 설계자가 양성됩니다. 어떤 교육보다도 현장에서 부딪히며 분석 설계자를 양성하는 것이 가장 효율적입니다.

둘째, SRS 문서를 기반으로 개발하면 프로젝트 종결 후 유지 보수가 쉬워집니다. 그래야 개발자들도 고생을 덜 하고 야근을 줄일 수 있습니다. 일정 내에 견고한 소프트웨어를 만들 수 있도록 문서를 꾸준히 작성하는 것이 곧 회사의 글로벌 경쟁력이 됩니다.

코딩의 단계에 들어서기

사용자의 요구 사항과 분석과 설계가 끝났다면 드디어 코딩을 시작할 차례입니다. 코딩 작업은 SRS 문서에 기반하여 라이브러리, 엔진, 서버, 클라이언트, 모듈 등의 기능으로 나누어 시작합니다. 일정에 맞춰 빠르게 개발하는 것이 관건입니다. 조금만 늦어도 시장에서 먹히지 않는 제품이 되기 십상입니다. 소프트웨어 시장은 변동 폭이 크고 빠른 시장입니다. 조금만 늦어도 경쟁사에 밀려 힘겹게 내놓은 제품이 빛도 못 보고 사라지게 됩니다. 그래서 소프트웨어 공학이 중요합니다. 소프트웨어 공학의 목적은 '소프트웨어를 최소 비용으로 최단기간에 개발하는 것'입니다. 볼트와 너트처럼 가져다가 끼워서 맞추기만 하면 되는 형태가 가장 이상적입니다.

개발자는 최소 비용으로 최단기간에 개발할 것을 염두에 두고 코딩해야 합니다. 항상 코딩 생산성을 고민해야 한다는 이야기입니다. 예를 들어,

개발을 빠르게 하는 새로운 언어가 나왔다면 공부해서 갈아타야 합니다. 20년 전에 배운 익숙한 방식을 고수하기보다 새로운 방식을 배워 생산성을 높여야 합니다.

분석과 설계가 정교하게 된 SRS 문서는 병렬로 빠르게 개발할 수 있습니다. 프로젝트 규모가 크고, 참여 인원이 많을수록 개발 분야를 나눠 병렬로 개발해야 속도가 빠릅니다. 병렬로 개발할 때는 컴포넌트를 잘 나누고 인터페이스를 정교하게 정의해야 합니다. 인터페이스는 상호 간의 약속입니다. 어느 한쪽이 약속을 지키지 않으면 소프트웨어는 거대한 괴물이 되어 어느 순간 멈춰 버립니다. 괴물이 된 소프트웨어는 사용자에게 불편을 주어 영원히 그 제품을 사용하지 않을 수도 있습니다. 한번 신뢰를 잃은 소프트웨어는 다시 활용하기가 매우 어렵습니다.

소프트웨어의 배포와 유지 보수

애자일 방식이든 폭포수 방식이든 코딩을 완성했다면 소스 병합 후 주기적으로 버전을 배포해 테스트합니다. 테스트에서 버그가 발견되었다면 신속하게 해결해야 합니다. 어떤 때는 코딩하는 시간보다 버그를 잡는 시간이 많을 때도 있습니다. 그럴 때마다 개발자는 마음이 무겁고 입맛도 없습니다. 사실 버그라는 녀석은 안 만나면 좋지만, 늘 개발자를 따라다니는 존재입니다. 따라다니며 개발자의 마음과 정신을 갉아먹고, 새치를 늘립니다. 그러므로 버그를 최소화하는 것이 좋습니다. 버그의 최소화는 사용자에게 신뢰를, 개발자에게 자유를 줍니다. 버그에 발목을 잡히면 어떻게 될까요? 옴짝달싹하지 못하고, 자유를 누리기는커녕 피폐한 삶을 살아야 합니다. 친구도 만나야 하고 주식과 경제 공부도 공부해야 하는데 말이죠.

이렇게 테스트로 기능 검증이 끝났다면 소프트웨어를 배포합니다. 배포란 완성된 소프트웨어를 서버에 설치하거나 앱스토어에 올리는 것을 말합니다. 즉, 최종 사용자에게 소프트웨어를 전달하는 것입니다. 이때 SRS 문서와 소스 코드는 소스 관리 툴을 사용해서 버전별로 잘 관리해야 합니다.

유지 보수는 필수입니다. 사용자가 문제를 제기하거나, 추가 기능을 요구한다면 다시 코딩해야 합니다. 이렇게 수정된 버전을 만들면 다시 검증하고 배포합니다. 기능 구현에 드는 수고보다 유지 보수에 드는 수고를 줄이는 것이 더 중요합니다. 유지 보수에 드는 수고는 시스템의 복잡성에 비례하므로 개발은 단순하게 설계하고 코딩하는 것이 가장 좋습니다.

소프트웨어를 개발하는 일은 책을 내는 과정과 비슷합니다. 글을 쓸 때는 시장 조사를 통해 독자들이 원하는 바를 분석합니다. 소프트웨어 개발도 마찬가지입니다. 개발 전 사용자의 요구를 분석하고 시장 조사를 합니다. 이제 책을 쓸 필요성을 느꼈다면, 기획서를 작성하고 목차와 뼈대를 만들어 나갈 차례입니다. 이 부분은 소프트웨어를 분석하고 설계하는 과정과 같습니다. 어떤 식으로 동작하고, 어떤 기능을 넣을지를 고민합니다.

책 쓰기의 기본적인 준비 과정이 끝났다면 이제 나의 지식과 참고 자료를 총동원해 써 내려갑니다. 이 과정이 코딩 과정입니다. 내가 선택한 언어로 컴퓨터와 대화하면서 코드를 한 자 한 자 타이핑해 나갑니다. 이미지도 넣고, 버튼도 넣습니다.

글을 다 써 초고가 완성되면 출판사에 넘깁니다. 프로그램도 어느 정도 완성되면 베타 버전을 검증 부서에 넘깁니다. 그리고 퇴고를 통해 완성도를 높여 나가듯이, 소프트웨어도 검증이라는 과정을 거치며 완성도를 높여 나갑니다. 퇴고할 때는 정밀한 검정을 거칩니다. 소프트웨어도 최종 검정을 거치며 문제가 없는지를 살핍니다. 그리고 작가가 몇 년 동안 집필하고 나름 치밀하게 다듬어온 원고인데도 편집자 손에 들어가면 많은 수정 작업을 하게 마련입니다.

퇴고는 현재 수준을 확인하고 더 나은 지성으로 거듭나기 위한 괴로운 과정입니다. 작가의 생각과 다른 이의 생각이 충돌하며 새로 고침으로 성장통을 겪는 과정입니다. 소프트웨어도 개발자와 검증자 간에 갈등 관계 속에서 성장통을 겪으며 세상에 얼굴을 내밀기 시작합니다. 그리고 마침내 서점에 책을 내놓듯이, 소프트웨어는 구글 마켓과 아이폰 앱스토어 등으로 세상에 배포됩니다.

분석·설계를 잘하면서 개발 속도가 빠른 개발자가 최고의 개발자입니다. 건축물로 치자면 설계와 시공을 동시에 하며 빠르게 견고하고 아름다운 건물을 짓는 것과 같습니다. 여기에 보태어 제 나름으로 좋은 개발자에 대해 정의한다면 자신 경력을 관리하고 목표를 성취하며 삶을 즐기는 사람이라고 생각합니다. 좋은 개발자는 문제를 정의하고 해결해서 결과물 도출을 잘하는 사람입니다. 또한, 자기가 하는 일 이외에도 관심을 기울여 주변 사람을 돕는 사람입니다.

좋은 개발자가 되고 싶다면 개발 영역에만 치중하지 말고 더 넓은 곳으로 삶을 확장하도록 해보는 건 어떨까 합니다. 개발자는 자신이 개발한 소프트웨어가 사람들에게 유용하고 편리하게 사용될 때 보람을 느낍니다. 개발자는 상상한 것을 꿈꾸던 것을 현실로 만들어 낼 때 희열을 느낍니다. 꿈과 상상을 현실로 만드는 것이 개발자가 하는 일입니다.

03

개발자가 배워야 할 핵심 기술

개발자에게는 사람을 존중하는 '사랑 기술'이라는 특별한 기술이 있어야 합니다. 디지털 세상에서 펼칠 사랑 기술의 핵심은 아날로그 입자와 디지털 파동을 연결하는 인터페이스가 되는 것입니다. 앞으로 세계를 지배하는 사람은 창조력과 상상력을 무기로 가상 세계와 현실 세계의 사이를 고민하고 활용하는 사람일 것입니다.

인터페이스에 꽃이 피려면 경계와 경계 사이에 소통의 에너지가 흘러야 합니다. 고욤나무에서 감이 열리게 하는 방법은 고욤나무에 감나무 가지를 접목하는 것입니다. 인터페이스도 마찬가지입니다. 디지털과 아날로그를 접목해서 새로움을 창조해야 합니다. 디지털과 아날로그라는 이분법에서 멈추지 말고, 접목하고 돌보면서 새로운 상품이 나오게 하는 것입니다. 디지로그는 과학 기술 문제가 아니라 철학의 문제, 태도의 문제입니다. 그렇기에 개발자는 기술과 더불어 인간을 사랑하는 마음으로 개발해야 합니다.

세상을 지배하려면 소프트웨어 속에 철학을 집어넣는 것이 핵심입니다. 아날로그와 디지털 사이를 잘 조절하는 인터페이스 기술이 최고의 가치입니다. 끝없이 펼쳐진 벌판에 있는 눈 쌓인 오두막집에서 연기가 나는 따뜻한 풍경의 소프트웨어여야 합니다. 소가 풀을 뜯듯 평화로운 소프트웨어여야 합니다. 아늑한 집에 장작을 피워 불멍을 때리는 느낌의 소프트웨어여야 합니다. 기술적 장점이 확실하고 이러한 감성이 들어간 소프트웨어는 반드시 성공합니다.

사랑 기술과 더불어 필요한 것은 '배움 기술' 입니다. 디지털 전환이 가속화하면서 전문 코딩 인력 수요가 크게 늘었습니다. 인공지능, 사물인터넷(IOT), 빅데이터 등 미래산업의 핵심 기술들이 코딩 기술을 바탕으로 한 소프트웨어로 구현되기 때문입니다. 다음은 개발자가 꼭 배워야 할 기술들입니다.

· 프로그래밍 언어

개발자는 프로그래밍 언어 중 한 가지는 익혀야 합니다. 너무나 당연한 이야기입니다. 한 가지는 익혀야 컴퓨터와 소통할 수 있습니다. 프로그래밍 언어에는 추후 소개하겠지만, 자바(Java), 파이선(python), C, C++, Rust 등이 있습니다. 이와 같은 언어로 소프트웨어를 만드는 것입니다.

모든 프로그래밍 언어를 배우면 좋겠지만, 다 배우기란 불가능합니다. 주요 프로그래밍 언어가 무엇이고, 각각 어떤 특징과 차이가 있는지 정도만 알면 괜찮습니다. 그러나 자주 사용하는 언어라면 고급 기능까지 알아야 개발 효율성을 높이고 실력을 인정받을 수 있습니다. 자기 업무 분야에서 가장 많이 사용하는 언어를 깊이 있게 공부한 후에 다른 언어로 서서히 확장해 나가세요. 저는 C, C++, C#, 자바, 코틀린(Kotlin) 언어는 깊이 있게 알고 있으며, 나머지 언어들은 어느 프로그램에 사용되고, 각각 어떤 차이가 있는지 정도만 알고 있습니다. 새로운 언어를 배우고자 할 때는 단순한 프로젝트를 통해서 언어를 익혀 결과물을 냅니다. 요즘에는 스위프트(Swift)를 공부하고 있습니다.

프로그래밍 언어를 처음 배운다면, 가장 많이 활용되면서 진입 장벽이 낮은 자바를 추천합니다. 몰입해서 꼼꼼히 배우고, 확장해 나가세요. 적어도 자신 있는 언어 한 가지는 갖고 있어야 하고, 코드를 구조화할 줄 알아야 합니다. 여기서 코드 구조화란 주석을 줄줄이 달지 않고도 이해하기 쉽도록 코드를 작성하는 것을 말합니다.

· 자료 구조와 알고리즘

자료 구조(Data structure)는 데이터에 효율적인 접근 및 수정을 가능하게 하는 자료의 조직, 관리, 저장을 의미합니다. 더 정확히 말하면 '데이터

값의 모임, 데이터 간의 관계, 데이터에 적용할 수 있는 함수나 명령'을 의미합니다. 소프트웨어 개발자가 알아야 할 데이터 구조들에는 '배열, 벡터, 연결 리스트, 스택, 큐, 트리, 그래프, 해시 세트' 등이 있습니다.

자료 구조가 선택되면 적용할 알고리즘은 상대적으로 명확해지기 마련입니다. 주로 배열을 많이 사용하는데, 나머지 자료 구조들도 익혀 놓아야 합니다.

알고리즘이란, 소프트웨어에서 어떠한 문제를 해결하기 위해 정해진 일련의 절차를 말합니다. 자료 구조의 데이터를 기반으로 하여, 어떤 기능을 구현하기 위한 함수에서 원하는 계산을 실행하기 위한 단계적 절차입니다. 많이 사용되는 검증된 알고리즘은 특별한 이해 없이 바로 사용하기도 하지만, 개발자라면 맡은 소프트웨어의 핵심적인 알고리즘은 이해하고 있어야 합니다. 버그가 생겼을 때도 알고리즘을 완벽히 이해하고 있으면 해결이 쉽습니다. 시간과 메모리를 절약하기 위한 최선의 알고리즘을 찾는 건 언제나 중요합니다. 알고리즘 이해라는 한계를 돌파하지 못하면 계속 다른 개발자에게 의존할 수밖에 없습니다. 개발자는 자료 구조와 적정한 알고리즘을 이용해 원하는 기능을 구현했을 때 만족감과 매력을 느끼는 법입니다.

· 데이터베이스

데이터베이스는 소프트웨어의 데이터를 저장하는 공간을 말합니다. 다람쥐가 겨울을 나기 위해 도토리를 모아 놓는 창고를 데이터베이스라고

할 수 있습니다.

데이터베이스 기술에는 '관계형 데이터베이스'와 '클라우드 데이터베이스' 등이 있습니다. 데이터베이스 영역이 최근 몇 년간 꽤 큰 변화를 겪기는 했지만 그래도 데이터베이스가 당장 사라질 거라고 보지는 않습니다. 개발자라면 관계형 데이터베이스를 익숙하게 다룰 수 있는 능력과 문서 데이터베이스에 대한 기초적인 이해 정도는 갖춰야 합니다. 데이터베이스 작동 방식과 데이터를 얻기 위한 SQL(Structured Query Language)은 데이터를 삽입, 업데이트, 삭제, 결합하는 방법을 아는 것입니다.

클라우드 데이터베이스는 프라이빗, 퍼블릭 또는 하이브리드 클라우드 컴퓨팅 플랫폼에 상주하는 정형 또는 비정형 데이터 모음입니다. 클라우드 데이터베이스 모델 유형으로는 기존 및 서비스형 데이터베이스(DBaaS)가 있습니다. 서비스형 데이터베이스에서는 서비스 제공자가 관리 작업과 유지 관리를 수행하기에 서버 개발에 대한 부담이 없습니다. 요즘에는 네트워크로 모두 연결이 되었기에 클라우드 데이터베이스를 많이 이용합니다.

· 프레임워크와 라이브러리

프레임워크는 집, 라이브러리는 집 안에 있는 TV, 냉장고, 세탁기 등의 가전제품에 비유할 수 있습니다.

프레임워크는 원하는 기능 구현에 집중하여 개발할 수 있도록 일정한 형태와 필요한 기능을 갖추고 있는 골격, 뼈대입니다. 개발에 필요한 매뉴얼과 규칙, 필수 코드와 알고리즘 등의 기능을 제공하므로 이 규칙은 반드시 지켜야 합니다. 라이브러리는 개발 시 컴퓨터 프로그램이 사용하는 특정 기능을 모아둔 코드와 함수들의 집합으로, 코드 작성에 활용할 수 있는 도구입니다. 특정 기능을 구현하기 위해 미리 만들어진 함수들의 집합이므로 필요할 때 자유롭게 사용할 수 있습니다.

안드로이드 시스템을 예로 들면, 수많은 안드로이드 앱은 네이티브 라이브러리와 안드로이드 런타임을 추상화한 계층 위에서 동작합니다. 따라서 안드로이드의 CameraX 앱으로 사진을 찍는데 오류가 생긴다면 CameraX의 오픈 소스 라이브러리에서 버그를 찾을 수 있어야 합니다.

모든 라이브러리를 알 필요는 없습니다. 프로그램에 맞게 적당한 라이브러리를 골라서 사용하는 것도 개발 시간 절약의 기술입니다.

· 오픈 소스 프로그램 참여

개발자로서 성장하고 자신의 실력을 증명하고 싶다면, 오픈 소스 프로그램에 참여하면 좋습니다. 요즘은 바닥부터 개발을 시작하는 것이 아니라 공개 소프트웨어를 이용해 조립하듯이 소프트웨어를 개발합니다. 처음부터 새로 개발하면 시장 진입이 늦어져 경쟁에서 밀리게 됩니다. 오픈 소스 프로그램에 참여하는 것은 전 세계의 개발자들과 실시간으로 연락하며 개발한 코드를 기부하는 선한 행위입니다. 면접을 볼 때 오픈 소스 프로그램에 참여해 이바지한 부분을 이야기하면 좋은 인상을 남길 수 있습니다. 오픈 소스 프로그램에서의 활동 자체가 실력을 검증하는 셈이기 때문입니다. 운이 좋으면 좋은 기업으로의 취직할 수도 있습니다.

한 살이라도 어릴 때, 오픈 소스 커뮤니티에 참여하며 조금씩 성장하세요. 취미와 재미로 참여하는 것만으로도 충분합니다. 깃허브에서 자신에게 맞는 오픈 소스를 선택해서 미래를 준비하세요. 청소년 시절부터 오픈 소스 프로그램에 참여한다면 프로그래밍 실력이 복리로 성장하는 효과를 누리게 될 것입니다.

· 운영 체제

운영 체제란 프로그램에서 메모리, PCU, 입출력 장치 등을 사용할 수 있도록 지원하는 시스템 소프트웨어를 말합니다. 어느 운영 체제에서 개발하느냐에 따라서 개발자의 역할이 달라집니다. 현재는 크게 맥 운영 체제(Mac OS)에 집중하는 맥 개발자와 윈도 운영 체제(Window OS)에 집중하는 윈도 개발자로 나뉩니다. 참고로 안드로이드 운영 체제에 개발하는 앱 개발자도 있습니다.

개발자는 각 플랫폼에 맞는 개발 도구, 관용 표현, 구조 등에 익숙해야 합니다. iOS 개발자로 입사하려면 오브젝티브-C, 스위프트를 배우고 그 플랫폼과 관련된 전문 지식을 갖추어야 합니다. 안드로이드 개발자라면 자바와 코틀린이 기본입니다. 운영 체제가 업데이트될 때마다 보안 등 지원되는 API 들이 달라지기에 업데이트 시 앱에 문제가 없는지도 확인해야 합니다.

· 리눅스/유닉스 명령어

사용자 인터페이스만 개발한다고 해서 리눅스(Linux) 명령어를 모른다면 매번 남한테 물어봐야만 합니다. 개발자가 마주칠 수밖에 없는 환경이 바로 리눅스입니다. 우분투 운영 체제에서만큼 리눅스를 다룰 정도는 아니더라도 맥이나 셸(shell), CLI(command-line interface, 터미널을 통해 사용자와 컴퓨터가 상호 작용하는 방식)로 작업하는 데 익숙해져야 합니다.

리눅스/유닉스 계열의 CLI 환경이 시대에 뒤떨어져 보일 수 있지만, 여전히 많은 프로그램이 CLI 환경만을 지원합니다. 생산성 향상을 위해서라도 리눅스와 유닉스 계열을 이해해야 합니다. 서버에 소스를 Commit 할 때나 안드로이드와 같은 리눅스 운영 체제에 접근할 때도 CLI 환경 관련 명령어는 자주 사용합니다. 주로 사용자 인터페이스를 작업하는 프론트 엔드 개발자가 운영 체제와 같은 하위 시스템의 명령을 안다면 벌써 차별성이 있습니다.

· 테스트

테스트의 목표는 소프트웨어 사용자에게 미칠 문제점을 미리 찾아내

제거하기 위함입니다. 단계별로 사용자의 요구 사항이 잘 반영되었는지 검증하며, 검증 중 발견된 버그나 오류는 버그 추적 시스템을 사용해 기록, 관리합니다. 테스트 도구로는 화이트박스, 블랙박스, 단위 테스트, 자동화 테스트 등이 있습니다.

생계형 개발자가 아닌, 품격 있는 개발자가 되고 싶다면 배포 전에 반드시 테스트해보아야 합니다. 사실 대부분 개발자가 단위 테스트나 자동화 테스트를 위한 기능을 추가하는 것이 생산성 향상에 도움이 된다는 걸 알고 있습니다. 그러나 개발하기에도 바쁜데 테스트할 시간적 여유가 없는 게 문제입니다. 테스트를 개발 이외의 업무로 간주하는 분위기도 한몫합니다. 그러나 개발자가 프로젝트 초기부터 테스트 기능에 관심을 두고, 직접 검증해 배포하는 것이 사고를 최소화하는 길입니다. 뛰어난 개발자들이 테스트를 강조하는 것만 보아도 검증의 중요성을 알 수 있죠.

테스트는 검증 부서에 버전을 배포하고 검사자와 대화하며 하게 됩니다. 검증 부서와 좋은 관계를 유지하며 협업하는 게 중요합니다. 특히 애자일 프로세스의 도입으로 개발자와 검사자의 관계가 이전보다 더욱 긴밀해졌습니다. 검증 중에 버그나 오류는 버그 추적 시스템이 기록해서 관리해야 합니다.

· 디버깅 스킬

디버깅이란 소스의 버그를 잡아내는 과정을 말합니다. 문제 원인을 추적하여 제거하는 일이므로 장시간 인내심이 요구됩니다.

디버깅을 시작하기 전에는 버그를 재현해 진짜 버그가 발생하는지를 확인해야 합니다. 버그는 재현만 되면 대부분 수정할 수 있습니다. 그러나 버그가 간헐적으로 재현되거나, 재현이 아예 안 된다면 검사자에게 재현을 요청하거나 로그를 넣어 코드에 문제가 없는지를 추적해야 합니다. 버그의 발생 이유를 알고, 적절한 코드를 반영해 정상 작동한다면 수정이 된 것입니다.

디버깅을 위해 재현된 소스의 버전을 보려면 Git이나 SVN 버전 관리 시스템을 익혀야 합니다. 몇 시간 정도면 익히니 부담도 없습니다. Git에 Push 시 충돌이 발생했을 때의 처리 방법 정도만 알아 두면 좋습니다. 빌드 시스템을 두어서 밤사이에 주기적으로 빌드해서 버전을 만들어 놓는다면 이슈 발생 시에 추적이 쉽습니다.

· 버전 관리 시스템 VCS(Git)

버전 관리 시스템은 파일의 변화를 시간별로 기록했다가 특정 시점의 버전을 다시 꺼내올 수 있는 시스템으로, 소스 코드뿐 아니라 거의 모든 컴퓨터 파일의 버전을 관리합니다.

예전에는 버전 관리 시스템으로 중앙집중식인 CVS(Concurrent Versions System)나 SVN(Subversion)을 사용했습니다. 그러나 CVS나 SVN은 중앙서버에 문제가 생기면 소스를 올리는 것이 불가능하고, 하드디스크에 문제가 생기면 프로젝트의 모든 히스토리를 잃는 등의 치명적인 단점이 있었습니다. 복구 시간도 오래 걸렸습니다.

그러나 Git, Mecurial, Bazaar, Darcs 등의 DVCS(분산 버전 관리 시스템)는 클라이언트는 물론 히스토리까지 전부 복제합니다. 그래서 서버에 문제가 생겨도 클라이언트 중 아무거나 골라 복구할 수 있습니다. 클론(Clone)은 모든 데이터를 가진 진정한 백업입니다. 즉, 수백 명의 개발자가 협업해서 프로그래밍할 때 Git 사용은 필수입니다. 깃허브 데스크톱(GitHub Desktop) 프로그램을 사용하면 몇 번의 클릭으로 손쉽게 소스를 Git에 반영할 수 있습니다. 수정한 소스를 올리고 내려받는 번거로운 작업을 Git에 위임하니 검증이 끝난 소스를 Git에 Push 하면 훌가분합니다. Git에 올릴 때 Commit 메시지도 개발자 간에 일정한 규칙을 정해 소스 반영 내용을 검색하기 쉽도록 해야 합니다.

· 코딩 스타일 가이드

코드만으로도 개발자들과 의사소통할 수 있어야 합니다. 즉, 코드를 구조화하면 개발 생산성이 올라가고, 고품질의 소프트웨어를 빠르게 출시할 수 있으며, 추후 유지 보수에 드는 시간도 절약할 수 있습니다. 처음부터 코드를 깔끔하게 작성하는 법을 배워야 합니다. 깔끔하고 간결하며 이해하기 쉬운 코드가 좋은 코드입니다.

코드만 보아도 코딩을 잘하는 사람인지, 경력이 풍부한 사람인지 알 수 있습니다. 코드는 개발자의 품격을 나타내는 표시입니다. 여러 개발자를 만나지만 코드에 그 사람 인격이 그대로 묻어 있음을 느낍니다. 코드가 엉터리이면 그 코드를 작성한 개발자 역시 산만한 경우가 많습니다. 코드가 구조화되어 있고, 주석이 친절하게 달려 있다면 그 코드를 작성한 개발자 역시 품격이 있습니다. 지금까지 본 소스 코드 중 가장 체계적인 것은 퀄컴 휴대전화의 CDMA 관련 소스입니다. 체계적인 문서와 직관적인 소스 코드가 퀄컴을 지금까지 이동통신 시장을 장악하게 하는 힘일 것입니다.

자신이 작성한 코드가 바로 당신의 모습입니다. 집을 청소하듯 코드에도 청소가 필요합니다. 깨진 유리창 이론에서는 창문이 깨져 있으면 쓰레기가 쌓인다고 하였습니다. 코드가 엉터리이면 결국 버려지게 됩니다. 코드에도 청소 능력이 필요합니다.

같은 프로젝트를 하는 개발자끼리는 사용하는 변수명과 함수명을 통일해야 합니다. 이렇게 만든 스타일 가이드는 협업 효율성을 증대하고, 추후 유지 보수도 수월하게 합니다. 코딩을 안정적으로 하기 위해 자신의 코딩 스타일에 대하여 한번은 정립하는 시간이 필요합니다. 깃허브와 같은 오픈 소스 공간에는 코드 자료가 많으니 타인의 스타일도 참고해서 자신의 코딩 스타일을 정립해 나가면 착실한 개발자가 될 수 있습니다. 제가 일하는 회사에는 20년 전에 짠 소스 코드가 있는데 코드 네이밍이 엉뚱하게 되어 있습니다. 이런 코드는 생산성을 떨어뜨립니다.

· 도메인 지식

도메인 지식은 소프트웨어의 기능을 알기 위한 사전 지식을 말하며, 소프트웨어 프로그램의 구현 방법에 대한 기초 지식을 제공합니다.

개발자가 의료 전문가에 대한 도메인 지식을 알면, 의료 전문가가 사용하는 소프트웨어를 개발하는 데 도움이 됩니다. 약물 투여 등 환자에 대한 포괄적인 기록을 유지하는 소프트웨어 프로그램을 개발할 수도 있겠죠. 즉, 도메인 지식을 통해 최종 사용자가 필요로 하는 것을 알면, 이들에게 매우 유용하고 매력적인 소프트웨어를 만들 수 있습니다.

· 의사소통 능력

소프트웨어는 혼자 개발하는 게 아니라, 대부분 협업을 통해 개발합니다. 또, 협업 대상은 개발자도 있지만, 영업자와 마케터도 있습니다. 그래서 개발자의 의사소통 능력은 코딩 실력만큼이나 중요합니다.

소통하기 위해서는 자기가 하는 일에 대해 확실히 설명할 수 있어야 합니다. 하고자 하는 말을 명확하게 전달할 수 있어야 하며, 의견 충돌이 있어도 원만하게 조율할 수 있어야 합니다. 설사 상대가 잘못했더라도 먼저 흥분하고 화를 냈다면 이미 진 것입니다.

최근 코드를 최소화하는 로코드(Low Code)와 코드 없이 마우스 클릭과 드래그로 간편하게 개발하는 노코드(No Code)가 급부상하고 있습니다. 로코드와 노코드 플랫폼이 정착되면 코딩의 진입 장벽은 낮아지고, 누구나 쉽게 프로그램이나 앱을 개발하는 시대가 올 것입니다. 마치 구글 번역기나 파파고로 쉽게 번역하는 것처럼 말이죠.

아마 노코드는 현업의 실무자들이 사용하고, 전문 개발자는 더 많은 앱을 개발하는 데 에너지를 쏟게 될 것입니다. 전문 개발자의 부족한 자리를 시민 개발자들이 채울 수도 있겠지요. 그러나 노코드 시스템이 활성화된다고 해도 전문 개발자 수요는 꾸준할 것입니다. 개발자는 인간의 학습 능력, 추론 능력, 지각 능력, 언어 이해 능력 등을 컴퓨터 프로그램으로 실현하는 사람입니다. 그리고 인간의 생각과 지능의 메커니즘을 분석하고, 인공지능을 통해 연구 개발하는 사람입니다. 철학자가 내린 인간의 정신과 생각에 대한 정의를 구체화해 소프트웨어로 창조하는 것이 개발자의 일입니다.

훌륭한 개발자나 성공한 개발자는 어떤 사람일까요? 스타트업으로 성공한 개발자? 뛰어난 기술을 만드는 개발자? 돈을 많이 버는 제품이나 서비스를 만든 개발자? 알 수 없습니다. 그러나 제가 생각하는 훌륭한 소프트웨어 개발자란, 짧은 시간 내에 고품질의 소프트웨어를 만드는 사람입니다. 개발자로서 시나브로 기술력을 쌓고, 사람을 사랑하는 마음을 갖는다면 반드시 개발자로 성공할 수 있습니다.

04

숲과 다양한 언어

숲에는 다양한 생명이 살고 있습니다. 풀만 해도 키 작은 풀, 허리까지 오는 풀, 사람의 키를 훌쩍 뛰어넘는 풀이 어울려 살아가고, 동식물도 모두 조화를 이루며 숲이라는 네트워크를 형성합니다. 숲은 유기적인 공간입니다. 매일 다니면서 숲에는 버릴 것이 없음을 느낍니다. 모든 구성 요소가 제 역할을 다하며 요란한 교향곡을 만드는 숲의 녹색 콘서트에 흠뻑 취해 봅니다. 뇌와 몸이 초록으로 채색되며 창조력과 상상력이 회복되는 것 같습니다. 숲에 부딪히는 바람 소리에도 곡조가 있습니다. 어떤 바람은 슬프게도 들리고, 어떤 바람은 경쾌하게 들립니다. 제가 제일 좋아하는 소리는 소나무 사이를 스치는 솔바람 소리입니다. 솔바람 소리는 마음을 차분하게 하고, 일상에서 벗어난 진정한 휴식을 제공합니다. 애잔하면서도 상쾌한 기분은 모든 생각을 잠시 잊고 멍한 뇌의 휴식 상태로 이끕니다. 이 시간에는 가장 중요한 것만 떠오르며, 이때 떠오르는 생각이 저의 가장 중요한 재산입니다.

이렇게 숲이 다양한 구성 요소로 채워지듯이, 프로그래밍 세계도 다양한 언어로 채워집니다. 이런 언어들이 조화를 이루며 IT 소프트웨어의 숲을 만들어 나갑니다. 지금부터는 프로그래밍 언어에 대해서 살펴보겠습니다.

· 어셈블러

숲을 지탱하는 흙과 같은 언어입니다. 어셈블러는 처음 칩세트를 부트할 때 장치를 초기화해주는 코드로 메모리, LCD 혹은 GPIO 등을 제어하는 언어입니다. 요즘에는 어셈블러까지 교육하는 기관이 별로 없습니다. 그러나 하드웨어와 연결된 기초적인 기능을 구현하는 언어이므로 하드웨어 회로도를 보는 등의 기본 지식과 소프트웨어 지식을 겸비해야 할 것입니다.

· C 언어

흙으로 이루어진 언덕이나 등산로와 같은 언어로 맞춤형 직업 교육 기관에서도 많이 교육하는 기초적인 언어입니다. 우리가 사용하는 안드로이드 폰의 커널 단위 소스들은 모두 C 언어로 되어 있습니다. TI라든지 각종 반도체 시스템 칩세트를 사용할 때도 대부분 C 언어를 사용합니다.

요즘 쓰이는 주요 프로그래밍 언어 대부분이 C 언어에서 비롯했습니다. 그래서 C 언어를 익히고 나면 C++, C# , 자바, 자바스크립트 등의 언어를 수월하게 익힐 수 있습니다. C 언어는 세계에서 많이 쓰이는 언어 중에 하나입니다.

Dec 2022	Dec 2021	Change	Programming Language	Ratings	Change
1	1		Python	16.66%	+3.76%
2	2		C	16.56%	+4.77%
3	4	↑	C++	11.94%	+4.21%
4	3	↓	Java	11.82%	+1.70%
5	5		C#	4.92%	-1.48%
6	6		Visual Basic	3.94%	-1.46%

출처: 티오베 인덱스 홈페이지

C 언어는 하드웨어와 연동되는 부분이 많아 하드웨어 지식까지 겸비한 엔지니어라면 훌륭한 엔지니어로 볼 수 있습니다. 기술적인 진입 장벽이 높아 접근하기 어려운 언어이므로 아직은 경쟁력이 있는 언어입니다.

C 언어는 까다로운 편으로, 아직도 수많은 운영 체제, 저수준의 하드웨어, 게임 등에 사용됩니다. 안드로이드의 하드웨어 인터페이스 부분도 대부분 리눅스 기반의 C 언어로 되어 있습니다.

· C++

나지막하게 자라는 나무와 같은 언어입니다. C++는 객체 지향성, 클래스, 가상 함수 등과 같은 기능을 활용하기 위해 기존 객체 지향 개념이 적용되었던 C 언어에서 확장한 언어입니다. 마이크로소프트의 MFC가 C++

로 구성된 대표적인 라이브러리입니다. 공용 소스가 많고, 사용자 인터페이스 부분을 나름 편리하게 구현할 수 있어 주목받았으며, 현재는 게임 개발에 많이 사용됩니다. C++는 예전 소스들이 C++로 되어 있어 어쩔 수 없이 사용되기도 하고, 개발 생산성이 떨어지는 부분이 있지만, 여전히 많이 사용되는 언어입니다.

· C#

무럭무럭 자라 숲을 아름답게 채우는 자작나무와 같은 언어입니다. C#는 생산성이 좋고, 사용자 인터페이스 작업 시 표현력이 훌륭합니다. 자바와 비슷해서 금방 익힐 수 있으며, 사용도 쉬워 많은 개발자가 선호하는 언어이기도 합니다. C#은 서버와 연동하는 프로그램이나 PC용 프로그램을 만드는 데도 막강한 언어이므로 앞으로도 계속 성장할 것입니다.

· 자바

소나무와 같은 언어입니다. 소나무는 가장 흔하지만, 그만큼 숲을 구성하는데 빠질 수 없는 나무입니다. 아마 자바를 사용하는 개발자가 가장 많을 것입니다. 우리가 흔히 사용하는 안드로이드 폰의 프레임워크 부분은 자바로 되어 있습니다. 또 안드로이드 앱 개발도 모두 자바로 이루어집니다. 자바의 특징은 비전공자도 금방 익힐 수 있을 만큼 쉽다는 것입니다. C와 C++에 기반하는 객체 지향적 언어이지만, C#처럼 단순하며 문제를 일으킬 소지가 있는 메모리 조작 등의 저수준 동작은 허용하지 않습니다.

· 코틀린

대나무 숲과 같은 언어입니다. 아직은 일부 지역에서만 숲을 이루고 있지만 곧 군락지를 형성해 영향력을 확장할 것입니다. 자바와 더불어 안드로이드 앱 개발에 많이 사용되는 언어입니다. 현재 안드로이드 코드들은 코틀린으로 전환되고 있습니다. 그러므로 안드로이드 개발자라면 자바와 코틀린을 반드시 익혀야 합니다. 코틀린은 오픈 소스가 많고, 재사용하기에도 안전해 코딩 시간을 줄여줍니다. 소스 코드가 직관적이고 간결해 오류를 줄여준다는 장점도 있습니다.

· 스위프트

전나무와 같은 언어입니다. 자바와 양대 산맥을 이루며 자신만의 고유 영역을 차지하고 있습니다. 안드로이드 앱은 자바나 코틀린으로, 아이폰 앱은 스위프트로 개발합니다. 스위프트는 애플의 아이폰과 맥 운영 체제를 위한 프로그래밍 언어로, 2014년 6월 2일 애플 세계개발자회의(WWDC)에서 처음 소개되었습니다.

스위프트 언어의 문법은 파이선 언어로, 기존의 애플 운영 체제용 언어인 오브젝티브-C와 함께 사용할 목적으로 만들어졌습니다. 야곰의 『스위프트 프로그래밍』에 따르면, 스위프트는 안전을 우선으로 하는 프로그래밍 패턴을 지향하며, 더욱 쉽고 재미있게 프로그래밍할 수 있도록 옵셔널, 제네릭, 프로토콜, 튜플, 익스텐션 등 새로운 기능을 많이 도입했습니다. 현재 애플은 스위프트를 오픈 소스로 공유했습니다. 애플 플랫폼 외에 다양한 플랫폼에서 사용할 수 있게 된 것입니다.

· 파이선

밤나무와 사과나무 등의 유실수와 같은 언어입니다. 데이터 처리에 유용해 같은 좋은 열매를 제공합니다. 쉽고 간결한 문법이 강점이므로 그만큼 제품을 빠르게 개발하게 합니다. 파이선은 컴파일하지 않는 인터프리터 언어로, 빅데이터를 분석하기 위한 다양하고 강력한 라이브러리를 제공합니다. 텐서플로 등 인공지능을 위한 라이브러리도 파이선에서 제공되므로 유용합니다.

모기 같은 존재입니다. 모기는 숲을 산책할 때 웽웽거리며 사색을 방해합니다. 버그는 프로그램 언어는 아니고 코딩 오류로 인해 발생하는 문제점을 말합니다. 개발자의 시간을 많이 빼앗고 스트레스를 줍니다. 개발자는 버그가 생기지 않도록 단단히 설계한 후 코딩해야 할 것입니다. 삶의 균형을 지킬 수 있는 지름길입니다.

그러나 개발자와 버그는 동반자이기도 합니다. 완벽한 소프트웨어를 만들어도 버그는 있기 마련입니다. 버그는 현상이 똑같이 재현되면 문제가 해결되며, 세계 특정 국가에서 발생한 버그는 원시 데이터를 직접 넣어서 재현하면 해결이 쉽습니다. 그런데 찾을 수 없거나, 해결되지 않는 버그도 있습니다. 우연히 발생한 버그, 몇십만 번을 재현해도 해결되지 않는 버그입니다. 그래도 잘 해결하려면 우선 그 상황을 그대로 재현하는 것이 방법입니다. 여하튼 버그는 개발자와 동행합니다.

인간이 사용하는 언어는 매우 다양합니다. 그러나 그 모든 언어를 다 배울 필요는 없습니다. 그러기에는 인생이 너무 짧습니다. 마찬가지로 컴퓨터와 대화할 수 있는 프로그래밍 언어도 다 배울 필요는 없습니다. 목적에 맞게 잘 선택하면 됩니다. 처음 프로그램을 배운다면 자바를 익힌 후 다른 언어를 선택하세요. 책으로 공부하는 것은 지양하고 동영상으로 공부하면 더 쉽게 배울 수 있습니다.

05

코딩을 잘한다는 것

무엇이든 단번에 결과를 내려고 하면 초기에 번아웃되고 맙니다. 다이어트, 영어 공부, 프로그래밍 공부 모두 그렇습니다. 그러므로 좋은 결과를 내기 위해서는 긴 호흡으로 지루한 과정을 견디고, 옳다고 생각하는 방향으로 꾸준히 나아가는 실행력이 필요합니다.

숲은 시나브로 성장해 나갑니다. 매일 숲을 산책하면 알게 되는 일입니다. 어제와 다를 바 없어 보이지만, 자세히 보면 나뭇잎의 색이 더 짙어졌다거나 나무의 몸이 어제보다 더 윤기가 납니다. 이런 미묘하게 하루하루 다른 모습을 보여주는 숲은 무척 매력적입니다. 또 나무와 풀들이 성장해 열매를 맺으면 숲을 찾는 이들에게 유익한 에너지를 줍니다.

개발자도 숲처럼 시나브로 성장하며 유익함을 주는 존재가 되면 좋겠습니다. 프로그래밍 언어를 익히고, 알고리즘을 훈련하고, 프로젝트에 기여하며 어느새 인간에게 유익한 프로그램을 만드는 존재가 되는 것입니다.

개발이란, 코딩의 씨앗을 뿌려 각 기능을 가진 나무로 키워 아름다운 소프트웨어라는 꽃을 피워 열매 맺게 하는 과정입니다. 그렇다면 개발은 어떻게 이루어질까요?

첫째, 큰 그림을 그려 소프트웨어의 범위를 정합니다. 어떤 기능을 구현하겠다고 어느 정도 선언을 해놓습니다. 숲을 만들 때 자작나무 숲을 만들지, 소나무 숲을 만들지를 미리 구상하는 것입니다. 예를 들어, 안드로이드 앱에서 AWS(아마존 웹서비스)와 연동하는 C# 프로그램을 개발하겠다고 생각했다면, AWS 서버와 연결된 어떤 서비스를 만들고, 마켓에 올릴지를 구상하는 것입니다.

숲에 모든 나무를 다 심을 수는 없습니다. 어떤 나무로 조경할지 범위를 정해야 합니다. 개발 언어는 무엇으로 하고, 어느 기능까지 구현할지를 정하는 것입니다. 처음부터 거창하면 번아웃되고 맙니다. C#을 이용해서 AWS 서버의 데이터들을 불러오고, 데이터들을 검색하고 삭제하는 기능들을 구현한다든지 정도가 알맞습니다. 안드로이드 앱이라면 어느 기능들을 구현할지 목록을 정해놓으면 좋습니다.

둘째, 소프트웨어의 성공을 상상해봅니다. 어떤 숲으로 조성될지 실현 가능한 상상을 하는 것입니다. 'AWS에 올라오는 실시간 데이터들을 C#을 이용한 프로그램을 통한 프로그램을 정의한다. 그래서 AWS의 서버 구성 방법을 완벽하게 익히고 C#의 사용자 인터페이스 구성과 데이터베이스 기능을 익힌다. 스토어에 앱을 올리거나 전 세계에 배포해서 그 앱이 수익으로 연결한다' 정도까지 상상하면 알맞습니다.

셋째, 프로그래밍 언어라는 씨앗을 뿌립니다. 숲에 씨앗을 뿌리는 과정입니다. 기존에 사용하지 않았던 새로운 언어로 개발할 거라면 문법, 함수, API 등의 기능을 새로 익힙니다. 언어 씨앗은 발아를 통해 소프트웨어로서의 삶을 시작합니다. 언어에 대한 지식을 습득하는 데도 요령이 필요합니다. 책으로 습득할 거라면 꼭 필요한 부분만 발췌하면 됩니다. 첫 페이지부터 마지막 페이지까지 완독했다고 해서 프로그래밍을 잘하게 되는 건 아닙니다. 이 책만 읽으면 모든 걸 알게 될 것 같은 문구에 현혹되지 마세요. 동영상을 보면서 공부할 것을 추천합니다. 유튜브 강좌를 찾아서 보거나, 영어 실력이 있다면 코세라 같은 유료 강의를 듣는 게 좋습니다. 그리고 이 학습을 언제까지, 어떤 순서로 완료할지 계획을 세웁니다.

넷째, 대충 사용할 수준까지 익힙니다. 씨앗에서 나무가 되어가는 과정입니다. 완벽히 마스터할 필요는 없습니다. 언어를 어느 정도 사용할 수 있게 되면 바로 개발을 시작합니다. 당연히 모든 기능을 마스터하면 좋지만, 프로젝트를 시작해보면 차차 익히게 됩니다. 막힐 때마다 찾아보면 더 빨리 배우기도 합니다. 간절하기에 그렇습니다. 컴파일, 실행하기 등 이것저것 하면서 놀아봅니다.

다섯째, 고급 기술을 익히고 남에게 가르칩니다. 풍성하게 완성된 숲이 타인에게 유익함을 주는 단계입니다. 완성품을 만드는 최종 단계에도 막히는 부분이 생깁니다. 이때가 고급 기술을 많이 배우는 시간입니다. 꽉 막혀 풀리지 않는 문제라고 해서 포기하면 안 됩니다. 이렇게 앱을 완성했다면 마켓에 올려 공유합니다. 완성된 소스를 깃허브에도 올리세요. 타인에게 평가와 피드백을 받아야 더 크게 성장할 수 있습니다. 그리고 이 모든 과정은 기록해 두어야 합니다. 그래야 진짜 내 것이 됩니다. 기록하지 않으면 모두 날아가 버리고 맙니다.

저는 여전히 이런 과정을 거치며 의료기기와 연결하는 데스크톱 앱을 만들고 있습니다. 전 세계에 배포된 완성품은 현재 많은 사람이 유익하게 사용하고 있습니다.

코딩을 잘한다는 것에 대해 생각해봅니다. 코딩은 막힘이 없어야 잘됩니다. 코딩하다가 막히면 머리가 무거워지고, 앞으로 나아가지 못할 것 같은 두려움이 느껴집니다. 그러므로 막힌 곳이 있다면 그 물꼬를 터야 합니다. 그래야 일이 쌓이지 않고, 미친 듯이 돌파해 나갈 수 있습니다.

막힌 물꼬를 트는 방법은 집중력을 발휘하는 것입니다. 생각의 방에 들어가 문을 닫고 코딩의 세계에 몰입해야 합니다. 문제는 쉽게 풀리기도 하지만 도저히 풀리지 않기도 합니다. 이럴 때는 더 집중해서 문제를 파헤쳐야 합니다. 그러다 보면 작은 물줄기가 흐르며 문제 해결의 실마리가 잡힐 때가 있습니다. 이 실마리를 놓쳐서는 안 됩니다. 꽉 잡고 더 밀어붙여서 완벽하게 물꼬를 터 버려야 합니다.

문제 해결의 실마리를 어느 정도 잡았다면 커피도 마시고 자신을 토닥이세요. 하나의 문제가 해결되면 나머지 문제는 일사천리로 해결됩니다. 업무가 흐르는 물처럼 자연스럽게 처리될 때 우리는 보람을 느끼고, 일 잘하는 사람으로 평가받습니다.

코딩을 잘하려면 일을 빨리 처리할 방법을 찾아야 합니다. 주위에 도움을 구하는 것도 방법입니다. 사람들과 이야기를 나누다 보면 미처 생각하지 못한 걸 발견할 수도 있습니다. 나이 어린 직원에게 도움을 구하는 것 역시 창피한 일이 아닙니다. 문제만 해결할 수 있다면 물불을 가리지 않아야 합니다. 품질을 높이고 시간을 단축할 수 있다면 자존심은 버려야 합니다. 그리고 해결한 문제는 공유해서 조직의 수준을 한 단계 높여야 합니다. 사소한 품질 차이가 시장에서의 경쟁력을 높입니다.

결국, 코딩을 잘한다는 것은 품질과 타이밍이라는 두 마리 토끼를 모두 잡는 것입니다. 품질과 타이밍 사이의 균형점을 찾아야 소프트웨어 시장에서 살아남을 수 있습니다. 물론 모든 제품을 만들 때는 품질을 최우선하는것이 맞습니다. 그러나 너무 품질만 강조하다 보면 시장이 요구하는 시점의 타이밍을 맞추지 못하게 됩니다. 사용자가 긴급하게 요구하는 데도 내부 프로세스를 따진다든지, 관행에만 따르면 안 됩니다. 빠른 처리 역시 제품의 성공을 좌우합니다.

품질과 타이밍의 균형점은 '제품 판매량'입니다. 판매량이 많은 제품이라면 빨리 배포하고, 품질이 어느 정도 안정화된 제품이라면 타이밍에 맞춰 배포하는 게 맞습니다. 심각한 버그가 발견되지 않았다면 바로 배포해야 합니다. 심각한 버그가 발견되지 않았다는 게 조건입니다. 심각한 버그가 있는 제품을 배포하면 그간 해온 일은 물거품이 되고 제품의 가치는 추락합니다.

사용자가 추가로 요청하는 기능은 그 기능이 프로그램 전반에 영향을 주지 않고 사용자의 만족도가 높아지리라 기대될 때 반영합니다. 반영했을 때, 프로그램이 불안정해지고 사용자의 만족도가 높지 않으리라 판단된다면 조심하는 게 좋습니다.

내 제품이 다른 나라 동일 제품과 경쟁하는 것은 탱크와 총만 없을 뿐이지 전쟁과 마찬가지입니다. 전쟁에 나가는 사람에게 품질이 형편없는 제품을 쥐여주면 패하고 말 것입니다. 품질과 타이밍을 위한 협력에 사활을 거는 태도가 중요합니다. 우리의 경쟁 상대는 옆의 동료가 아니라 경쟁사입니다. 개발자는 협력해서 품질을 높이고 때에 맞게 제품을 시장에 내놓아야 할 것입니다.

생산성이 높은 사람들은 '하기 싫지만 중요한 일'을 아침에 한다는 공통점이 있습니다. 먹고 입고 마시는 것에 대한 자신만의 루틴을 만들어 결정의 숫자를 줄인다는 점도 그렇습니다. 예를 들어, 생산성이 높은 사람은 내일 아침에 입을 옷을 저녁에 준비해 두어서, 아침에 결정하느라 느낄 피로도를 낮춥니다.

오전 시간은 생산성을 높이는 데 최적의 시간입니다. 저는 불필요한 피로감과 비용을 줄여 코딩에 집중하기 위해 최적의 아침 컨디션을 만듭니다. 아침 시간을 활용하는 데 성공하면 하루를 성공한 것과 같습니다. 충실한 삶을 꿈꾸는 사람이라면 아침을 재정의할 수 있어야 합니다. 아침을 '아직 아무것도 실패하지 않은 하루', '리셋 버튼'이라고 상상하면 좋습니다. 중요한 일을 아침에 처리하는 습관이 필요합니다.

몇 시에 일어나는가는 생각보다 중요하지 않습니다. 그냥 일어나 단 몇 분이라도 '정말 하기 싫지만 중요한 그것'을 하면 됩니다. 그 하루가 쌓여 한 달이 되고, 일 년이 되고, 습관이 됩니다. 좋은 선택이 좋은 삶이고, 좋은 습관이 좋은 삶으로 이끈다는 것을 잊지 말아야 합니다.

06

숲의 유익 그리고 IDE

날씨가 흐립니다. 비가 내릴 듯이 하늘에 먹구름이 몰려오고 있습니다. 산에 갈지 말지 내적 고민이 시작됩니다. 그래도 숲이 주는 유익함을 포기할 수 없어 집을 나서 봅니다. 매일 숲에 가는 것은 저의 루틴입니다. 퇴근 후 숲을 거닐면 낮에 있었던 일들이 모두 잊히며 머리가 맑아집니다. 온종일 컴퓨터만 보고 있던 눈도 초록과 맑은 공기가 닿으니 편안해집니다. 시력이 회복됩니다. 숲에서 얻을 수 있는 유익함은 너무 많아 나열하기가 힘듭니다.

오늘의 숲은 어제와 달리 먹구름이 잔뜩 낀 하늘 아래 간절히 비를 기다리는 듯합니다. 갈증을 해소하고 싶은 나무들의 마음이 읽힙니다. '과연 비를 맞지 않고 집으로 돌아갈 수 있을까?'라는 생각이 자꾸 머릿속을 맴돕니다. 하지만 두렵지는 않습니다. 저번에 우산 없이 산에 갔다가 우연히 무지개를 본 일이 좋았기 때문입니다. 입추가 지난 숲은 확실히 여유가 느껴집니다. 우리가 가을 분위기에 맞춰 코트를 꺼내 입듯이 숲도 가을의 패션을 준비하는 것 같습니다. 숲의 올가을 패션이 무척 궁금해집니다.

무리한 산행은 건강을 해치지만, 허벅지가 팍팍하게 느껴질 정도의 산행은 건강하게 합니다. 일과 일상에서 벗어나 자연 속에 있으면, 자연이 주는 유익함을 마음껏 누릴 수 있습니다.

숲과 같이 인간에게 유익함을 제공하는 소프트웨어는 많습니다. 코딩할 때 사용하는 IDE(Integrated Development Environment, 통합개발환경)의 한 종류인 구글의 '안드로이드 스튜디오'도 개발자에게 유익함을 제공하는 소프트웨어입니다.

저는 오늘 이클립스 기반의 예전 소스를 구글의 안드로이드 스튜디오로 변경했습니다. 덕분에 업무 생산성이 높아집니다. 구글에서 업데이트한 안드로이드 스튜디오 4.2 버전은 검색 속도도 빠르고 글꼴도 예뻐서 자꾸 코딩하고 싶어지는 화면입니다. 10년 전 그랜드캐니언에서 느낀 신비로움과 웅장함, 아름다움을 안드로이드 스튜디오를 사용하며 다시 느낍니다. 그만큼 안드로이드 스튜디오 IDE는 경이롭습니다.

개발자는 인간에게 유익함을 주는 소프트웨어를 만들어야 함을 새삼 느낍니다. 유익한 프로그램은 업무 처리 속도를 높입니다. 개발자는 이런 좋은 소프트웨어를 만들고자 노력해야 합니다. 동시에 사용자들에게 피드백을 받고 꾸준히 업데이트하는 성실함이 있어야 합니다.

숲이 주는 유익을 만끽하며 인간에게 유익함을 주는 소프트웨어를 만들고자 다짐합니다. 더 나아가 인간관계에 도움을 줄 수 있는 것들을 숲에서 배우고자 합니다. '사무침'은 행복과 슬픔을 동시에 느낄 때 일어나는 감정이며 간절함으로 휘몰아치는 충만한 감정이라고 하는데, 저는 숲에 다녀오면 사무침을 느낍니다. 사무치게 간절한 소프트웨어를 만드는 개발자가 되길 기대해봅니다.

개발자의 치열함과 열정은 코딩의 세계에서 열매를 맺어야 합니다. 코딩의 세계를 떠올리면 모두가 떠들며 협업하는 분위기일 것 같지만, 사실은 오롯이 혼자서 자신이 맡은 임무를 수행하는 과정에 더 가깝습니다. 성실하게 맡은 임무를 다하며 땅따먹기하듯 영역을 조금씩 넓혀가는 것입니다. 코딩의 열매는 숲의 쓸쓸함, 고요함, 적막함 속에서 비로소 맺어집니다.

개발자는 업무 집중 시간을 정해서 조용히 몰입해 일해야 합니다. 그 시간에 어떻게 하면 생산성을 높일지를 고민하며 코딩 속도를 높여야 합니다. 가능하다면 컴퓨터도 고성능을 구매해 컴파일하는 데 시간을 낭비하지 말아야 합니다. 시간을 컴파일에 허비하기에는 너무 아깝습니다.

숲에 하나의 열매만 있는 게 아니듯이, 개발자도 다양한 열매를 얻을 수 있어야 합니다. 코딩으로만 열매를 맺는 개발자는 단순 노동자와 다를 바 없습니다. 개발자는 여가를 통해 다양한 열매를 얻을 노력을 해야 합니다. 퇴근 후에 꼭 자기 계발 시간을 가지세요. 책을 읽어도 좋고, 좋은 사람들을 만나 이야기 나누며 견문을 넓히는 것도 좋습니다.

코딩만 잘한다고 해서 개발자로 잘사는 것은 아닙니다. 개발자는 사회 변화에 민감하고, 무엇이 돈이 되는지를 고민하며 다양한 시각을 확보할 수 있어야 합니다. 되도록 업무 시간 내에 맡은 임무를 완수하는 것도 중요합니다. 야근이나 휴일 업무까지 고려한 일정 작성은 곤란합니다. 하루 6시간을 기준으로 일정을 작성하되 돌발 상황까지 대비하세요. 빡빡한 일정일 수 있지만, 긴 호흡으로 일한다는 마음으로 일정을 관리해야 합니다. 1년이 지난 후 지금을 되돌아보았을 때 숲과 같이 만족할 수 있는 결과물이 있다면 가장 좋습니다.

정시 퇴근을 하는 정규직 개발자도 많지만, 3개월이나 6개월 단위로 계약해 일하는 개발자도 많습니다. 두세 명이 일하는 개발회사에서 매일 야근하는 개발자도 있습니다. 그래도 쉬는 시간을 틈타 자기 계발 시간을 만들기를 권합니다. 회사에서도 퇴근 후 자기 계발을 하는 직원을 선호합니다.

07

코딩은 곡괭이다

저는 업무 스트레스가 많은 날에는 숲이나 집 근처 나무가 많은 공원에 갑니다. 매일 조금씩이라도 걷다 보면 폐가 튼튼해지고 호흡이 일정해짐을 느낍니다. 폐는 24시간, 죽을 때까지 공기를 들이마시고 내쉬는 기관입니다. 좋은 공기를 마시는 것이 몸에 좋으리라는 건 당연합니다. 일주일에 한 번 등산이 아니라, 매일 나무를 만날 수 있는 장소로 가야 합니다. 나무에서 위로받고, 숲에서 치유받으면 잃었던 자신감을 회복할 수 있습니다.

사회에서 자신감을 잃으면 악한 인간들에게 공격받게 됩니다. 두릅나무는 가시로 위장해 자신을 방어합니다. 가시는 자신을 지키기 위한 가난한 선택이자 무기입니다. 자신을 지킬 힘이 생기면 그들도 가시를 떨굽니다. 개발자도 마찬가지입니다. 실력을 쌓아 자신감이 생기면 뾰족했던 가시가 사라지며 부드러워집니다. 악한 인간들에게서 자신을 방어하기 위해서는 자신감이 필요합니다. 내 의견에 근거가 있고 합리적이라고 판단된다면 당당하게 말해야 합니다.

개발자의 자신감은 어디에서 비롯할까요? 그것은 자신의 코드를 이해하고, 알고리즘과 동작 시나리오를 이해하는 '기술에 대한 자신감'에서 비롯합니다. 작성한 코드를 공유하기 위해 문서를 만드는 수고도 필요합니다. 난해한 소스를 보고 이해해 옮기는 수고로움입니다. 이런 과정을 통해 문서를 기반으로 코딩할 수 있으면 됩니다. 문서는 자산이 되고, 타인과 의사소통하는 수단이 되어줄 것입니다. 버그의 함정에 빠졌을 때는 빨리 추스르고 일어나야 합니다.

그렇다면 개발자의 당당함은 어디에서 비롯할까요? 개발자의 당당함은 '문제를 해결해 나가는 경험'에서 비롯합니다. 경험은 나무의 나이테처럼 늘어 개발자를 당당하게 합니다. 세상에 문제없는 프로그램은 없습니다. 중요한 것은 개발 언어와 코드를 확실히 이해하고, 동작 시나리오에 맞게 동작을 구현하고, 소프트웨어 밸리데이션 문서를 작성하는 과정입니다. 이 과정에 버그가 없이 정상 작동한다면 완벽합니다.

단, 주의할 게 있습니다. 문제를 해결하든 하지 못하든, 업무를 종료했으면 잊어야 합니다. 인간의 뇌는 유한합니다. 적당히 휴식해야 다시 일할 힘을 얻습니다. 열심히 운동하거나, 좋은 사람을 만나거나, 독서를 하는 것도 좋습니다. 업무를 잊을 수 있는 자신만의 루틴을 찾는 것이 중요합니다. 저는 퇴근 후 숲을 걸으며 낮에 있었던 일을 깨끗이 잊습니다. 팍팍한 다리를 끌고 가면 모든 생각이 지워집니다. 안 좋은 일들은 조금 남기도 하지만, 그래도 잠시 잊을 수 있다면 좋습니다.

삶의 현장에서 고뇌하고 자신감이 떨어지고 몸 상태가 좋지 않을 때, 숲에 가보시기를 권합니다. 숲 산책이 통장의 잔고를 늘려주지는 않지만, 편안한 마음이라는 잔고는 늘려줍니다. 숲을 거닐 때 분노의 마음들이 가라앉습니다.

코딩은 소프트웨어의 원석을 캘 때 사용하는 곡괭이입니다. 내면의 지식 동굴 안에서 원석을 캐내는 도구입니다. 코딩은 발굴하는 것이고, 코딩할 때는 창조적 단절이 필요합니다. 코딩하려면 외로움을 넘어 고독의 길로 들어가야만 합니다. 개발자들은 이 외로움과 고독의 시간에 알고리즘과 데이터 구조에 몰두합니다. 배가 고파오고, 외로움을 느끼기도 하며, 문제를 해결하지 못해 자책하기도 합니다. 그러나 이러한 과정을 거쳐야 성장하고 만족스러운 연봉을 받을 수 있습니다.

모소대나무는 중국의 극동지방에서만 자라는 희귀종으로, 씨앗을 뿌린 뒤 농부들이 매일 정성을 들여 물과 거름을 주어도 4년간 3cm밖에 자라지 않습니다. 그러다가 5년째가 되는 해부터는 하루에 30cm 가까이 자라고, 6개월이 지나면 15cm 이상씩 자라 곧 빽빽하고 울창한 대나무숲을 이룹니다. 모소대나무는 어떻게 4년간 성장이 멈춰 있다시피 하다가 6개월 만에 폭풍 성장을 할까요?

그것은 4년의 시기가 뿌리를 내리는 시기이기 때문입니다. 땅을 파 보면 뿌리가 수백 미터까지 뻗어 땅속 깊숙이 자리 잡은 것을 볼 수 있습니다. 4년간 전혀 자라지 않은 것처럼 보이지만 사실은 세상에서 가장 큰 대나무가 되기 위해 준비하고 있었던 것입니다. 하루에 30cm 이상씩 자라도 휘지 않는 건 뿌리가 그만큼 단단하기 때문입니다.

개발자도 모소대나무처럼 뿌리를 내리는 시기가 필요합니다. 눈에 띄는 성과는 없지만, 도약을 위해 내실을 다지는 시기입니다. 저는 이 시간을 '고독의 시간'이라고 말하고 싶습니다. 비록 현실은 4년을 기다려주지 않겠지만, 자신만의 깊이 뿌리 내리는 시간을 가져야 합니다.

코딩 실력은 천천히 오른다고 합니다. 이 말을 믿고 기다리세요. 코딩 실력을 키우는 시간은 안개 속을 걷는 것과 같습니다. 안개 속에서 헤맬 때는 잘 모르지만, 안개가 걷히면 비로소 내가 안개에 흠뻑 젖었다는 걸 알게 됩니다. 그렇게 안개 속에서 헤매다 보면 어느 순간 코딩에 익숙해진 자신을 만날 수 있을 것입니다.

성장을 위한 고독의 시기를 거친 개발자는 코딩을 잘하게 됩니다. 깊은 고독 속에서 생각의 바다를 헤엄칠 때 비로소 한계를 뛰어넘는 자유를 느끼게 됩니다. 고독 속에서 탄생한 생각과 글은 타인에게 좋은 영향력을 미칩니다. 외로운 것은 처량해 보이지만 고독한 것은 기품이 있습니다. 앞서 언급했듯이 소프트웨어 개발 과정은 글쓰기와 비슷합니다. 글쓰기는 퇴고를 거듭하면서 군더더기를 덜어내고 지성으로 거듭나는 성장통을 겪습니다. 이때 타인의 지적을 거부하거나 두려워해서는 안 됩니다. 좋은 글이 나올 수 없기 때문입니다. 개발자도 마찬가지입니다. 자신의 고집을 내려놓고 쓴소리를 기꺼이 받아들이는 태도가 필요합니다.

08

우리가 개발자라 부르는 사람들

코로나는 우리에게 많은 변화를 가져다주었습니다. 가장 큰 변화는 만남이 줄었다는 것입니다. 회사에서는 대면 회의 대신에 줌이나 팀즈(Teams) 같은 도구를 사용해 비대면 회의를 합니다. 장소에 상관없이 접속만 하면 되니 전보다 많은 사람이 회의에 참석합니다. 이러한 변화에서 눈에 띄는 양상은 위계가 희미해졌다는 것입니다. 원격 근무로 인해 중요해진 건 오로지 '일'입니다. 이전에는 회사에서 사람을 만나면 직함이나 나이를 묻고 위아래를 구분 지었습니다. 자리도 암묵적으로 상석과 말석이 존재했습니다. 그러나 줌 화면에는 모든 얼굴이 균등하게 분할되면서 수직적인 관계가 희석되고 모두 초연결되어 수평적 인간관계를 실현합니다.

구체적으로 중간 관리자의 역할이 축소되었습니다. 전에는 중간 관리자가 부하 직원들의 자료를 취합해 사내 중요한 회의에 보고하는 업무를 맡았지만, 이제는 모두가 회의에 참석하기에 그럴 필요가 없어졌습니다. 팀장

급을 살펴볼까요? 예전에는 팀장이 주요 회의에 참석했으므로 정보와 동향을 독식하는 방식으로 권력을 유지했습니다. 그러나 지금은 정보와 동향이 전 직원에게 투명하게 공개됩니다. 실무를 담당하는 팀원들은 재택근무를 하든, 회사에서 일하든 차이가 없는데 팀장은 그렇지 않습니다. 팀원을 관리하고 자료를 모아 보고할 일이 사라져 딱히 할 일이 없습니다.

미국에 탄탄한 소프트웨어 회사가 많은 이유 중 하나는 수평적인 문화 때문일 것입니다. 수평적 문화는 직원의 창의성을 높입니다. 앞으로 우리나라도 구태의연한 상명하복 문화가 사라지며 일의 생산성이 높아질 것입니다. 신입사원도 일할 능력만 되면 창의적인 일을 해내고, 수행한 업무는 시스템에 기록해 두거나 간략히 업무 보고를 하면 될 일입니다. 신입사원은 처음에는 미덥지 못하더라도 나중에는 회사의 보물 같은 존재로 성장합니다. 이런 분위기라면 개발자들도 스스로 창의적인 일을 해야겠다고 결심하게 됩니다. 처음에는 수평적인 업무 문화가 울퉁불퉁한 요철 같은 시스템으로 느껴지겠지만, 적응이 되면 각자 역할에서 최고 생산성을 나타낼 것입니다.

성장은 남의 것을 빼앗고 지시하는 데에 있지 않고, 공존하는 데에 있습니다. 이 시스템이 성공하려면 문서화가 잘 되어 있어야 합니다. 기획, 분석, 설계, 코딩, 테스트, 유지 보수에 관련된 SRS 문서를 잘 작성해 두어야 할 것입니다. 그다음에는 업무 영역을 나눠서 각자 일한 후 그 결과물을 융합하면 됩니다. 후임자는 초기에는 핵심적인 일보다는 단순 기능이나 사용자 인터페이스 등의 비교적 부담감이 적은 업무들을 수행하며 수평적 조직 속에서 생산성 있게 프로젝트를 진행할 수가 있습니다.

유영만 교수의 저서 『나무는 나무라지 않는다』에 보면 "맹그로브는 육지와 바다의 경계에 뿌리를 내리고 자란다. 기수역처럼 민물과 바닷물이 만나는 접점에서 자란다. 함민복 시인의 〈꽃〉이라는 시를 보면 '모든 경계에는 꽃이 핀다'라는 표현이 나온다. 경계에 꽃이 피려면 경계와 경계 사이에 에너지의 흐름이 있어야 하고 활발한 소통이 전제되어야 한다"라고 합니다.

개발자의 업무는 독창적으로 진행되지만, 업무와 업무의 경계에는 수많은 다름과 차이가 존재합니다. 그 낯선 다름과 차이를 인정하고 인터페이스 부분을 잘 용접한다면 경이로운 작품을 만들어 낼 수 있습니다.

수평적 문화를 통해 개발한 각 단위 모듈을 고욤나무와 감나무처럼 잘 접목하려면 SRS 문서가 바탕이 되어야 합니다. 자기 생각만 고집하기보다 SRS 문서에 기록된 것을 자기 단위 모듈 안으로 받아들여야 합니다. 고욤나무가 자기 가지를 버리고 감나무의 가지를 받아들여 감을 내는 감나무로 다시 태어나듯이 말입니다. 개발자가 각기 모듈을 만들고, 이렇게 만든 모듈을 SRS 문서를 통해 잘 접붙이면 가장 이상적인 소프트웨어가 됩니다. SRS 문서를 바탕으로 하면, 전 직원이 각자의 분야에서 제 역할을 다 함으로써 고품질의 제품을 만들 수 있습니다.

SRS 문서는 코로나 팬데믹으로 인해 재택근무량이 늘고 수평적 문화가 확산하면서 더욱 중요해졌습니다. 상사가 부하 직원을 통제하는 식의 조직은 고인 물이 되어 썩고, 회사는 서서히 내리막길을 걷기 마련입니다. 조직은 직원들이 SRS 문서를 바탕으로 자유롭게 일할 수 있도록 해야 합니다. 그래야 창의적인 소프트웨어를 만들 수 있습니다.

시대가 변하면 시대에 맞게 일해야 합니다. 수평적인 업무 문화가 형성되면 개인은 자기 전문 분야에서 우수성을 인정받는 절호의 기회를 맞이하게 될 것입니다. 모임이 적어지니 술자리를 따라다니며 정치할 필요도 없고, 오롯이 자신의 업무 성과를 발표하고, 왜곡되지 않은 평가를 받을 수 있을 것입니다. 여유가 있다면 주위 사람들에게 호의를 베풀고 인간미 있는 모습으로 다가가세요. 수평적인 업무 문화는 타인의 업무를 존중할 때 형성됩니다. 수평적인 업무 문화로 생명력 있는 회사가 많아지며 소프트웨어 강국으로 성장하기를 소망합니다. 이번에는 대표적인 개발자의 종류를 알아보겠습니다.

· 프론트 엔드 개발자

프론트 엔드 개발자(Front end developer)는 웹이나 모바일 앱 사용자가 마주하는 화면을 만드는 개발자입니다. 백 엔드에서 가져온 API 함수를 이용한 입출력을 통해 사용자 인터페이스와 사용자 경험을 만드는 데 초점을 맞춥니다. 프론트 엔드 개발자가 추구하는 가치는 디자인과 사용자 편의성입니다. 사용자와 직접적으로 맞닿는 영역을 담당하기에 감성과 기술의 균형 감각이 중요합니다. 가장 단순한 웹 모델은 모든 웹 페이지가 서버에서 생성되고, 웹 페이지에 쓰일 HTML, CSS, 자바스크립트가 웹 브라우저로 전송되는 형태입니다. 프론트 엔드 개발자가 하는 일은, 나무로 치면 눈으로 보이는 땅 위의 부분입니다. 나무에도 종류가 많듯이 프론트 엔드 개발자도 다양한 업무를 합니다. 웹, 안드로이드 앱, IOS 앱, PC 프로그램 등을 그 예로 들 수 있습니다.

· 백 엔드 개발자

백 엔드 개발자(Back end developer)는 데이터 분석을 위한 엔지니어링부터 분산 파일 시스템, DBMS와 같은 제품 개발 등 주로 프로그램 뒤에서 일어나는 일을 맡는 개발자입니다. 사용자 인터페이스 코드 작성과 관련없는 모든 것을 개발합니다. 프론트 엔드가 눈에 보이는 영역이라면, 백 엔드는 눈에 보이지 않는 서버에서 작용하는 기술을 처리합니다. 주로 서버, 서버 개발 언어, 데이터베이스 등을 사용하며, 나무로 치면 땅 아래의 뿌리와 같습니다. 양분을 뿌리에 저장하듯이 데이터베이스를 저장하기도 하고, 물을 나뭇잎으로 전달하듯이 데이터를 전달하기도 합니다.

안드로이드 시스템 개발자는 하드웨어 관련되어 리눅스 커널, 프레임워크 등을 개발하기에 백 엔드 개발자라 할 수 있습니다.

· 풀 스택 개발자

풀 스택 개발자(full-stack developer)는 백 엔드와 프론트 엔드 모두 사용할 줄 아는 개발자입니다. 시스템의 모든 컴포넌트와 계층을 다룹니다. 그러므로 풀 스택 개발자는 하드웨어와 아키텍처뿐 아니라 사용자 인터페이스 부분까지 알아야 합니다. 기술 스택 전반에 관한 일반적 지식을 갖추되 일부 영역에서는 전문성을 갖고 있어야 합니다. 풀 스택 개발자는 흙을 품고 있는 나무의 뿌리와도 같고, 나무를 품고 있는 숲과도 같습니다.

· 모바일 개발자

스마트폰 앱 개발자로, 안드로이드와 iOS 두 가지 모바일 운영 체제의 소프트웨어를 개발합니다. 조직에 따라 한 종류만 개발하기도 하고, 둘 다 개발하기도 합니다. 안드로이드 앱 개발자라면 자바와 코틀린으로, iOS 앱 개발자라면 오브젝티브-C와 스위프트로 개발하는 것이 일반적입니다. 안드로이드의 경우 이클립스로 개발하다가 최근 구글의 정책으로 안드로이드 스튜디오에서 개발할 수 있도록 변경됐습니다.

iOS 개발자는 맥 운영 체제의 언어와 동일하게 오브젝티브-C와 스위프트에 대한 지식이 필요합니다. 두 가지 언어의 컴파일러로는 대부분 맥 운영 체제의 Xcode를 사용하며, 맥 운영 체제의 앱스토어에 들어가면 설치할 수 있습니다.

안드로이드와 iOS 모두 호환 가능한 개발자는 하이브리드 개발자입니다. HTML5로의 발전, CSS3의 발전 등을 통해 제약이 많던 이전 웹 언어들과 달리 현재는 다양한 애니메이션과 기능이 추가되었으므로 이를 활용해 운영 체제의 제약 없이 개발할 수 있게 되었습니다. 그러나 한 종류 언어 위주로 개발하는 데에 비해 출력이 매끄럽지 않아서 스마트폰 앱으로 먹고사는 대다수 벤처 기업은 네이티브 언어를 채택하고, 앱 개발이 주력이 아닌 대기업에서는 개발 비용 절감을 위해 하이브리드 앱을 많이 채택합니다.

모바일 앱 개발 분야는 진입 장벽이 낮으면서 성장 가능성이 큰 분야입니다. 단기간에 배울 수 있고, 혼자서도 마켓에 출시해 배포할 수 있으므로 배워 두면 두고두고 좋은 기술이 됩니다. 산업용 소프트웨어, 의료용 소프트웨어 등 활용 분야도 다양합니다.

· 데브옵스 개발자

데브옵스 개발자(DevOps developer)는 출시된 앱의 안정적 운영을 위해 인프라를 설계하는 개발자입니다. 데브옵스라는 용어는 개발(Development)과 운영(Operation)이라는 단어를 조합해 만든 개념입니다. 즉, 데브옵스란 소스 코드를 개발해서 생산하기까지의 각 단계를 관리하는 종합적인 공정을 말합니다.

데스옵스 개발자는 소프트웨어 개발 중에 자동화, 빌드, 배포, 모니터링에 관여하며, 출시된 소프트웨어 서비스의 장애를 감지하고 예측하여 서비스의 유지 및 안정성 향상에 집중합니다. 프론트 엔드 개발자와 백 엔드 개발자가 코드를 설계해 서비스가 돌아갈 수 있는 로직을 만드는 사람이라면, 데브옵스 개발자는 고객들이 서비스에 문제없이 접속하고 불편함 없이 이용할 수 있도록 운영하는 사람입니다.

PART 3

IT 개발자를 모십니다

01

여자 개발자는 개발을 잘 못 한다?

개발자 모임에 가보면 대부분이 20~30대의 젊은 개발자입니다. 이중 여성 개발자는 얼마나 될까요? 세볼 필요도 없습니다. 50명 정도가 참석한 안드로이드 개발자 모임에 여성 개발자는 단 두 명이었습니다. 제가 다니는 회사도 거의 남성 개발자이지 여성 개발자는 몇 없습니다. 우스갯소리로 군대 행정반 같기도 하고, 운동선수 모임 같다고도 합니다. 실제로 우리나라에서 여성 개발자를 찾기란 모래알 속에서 바늘 찾기 수준입니다.

소프트웨어 정책연구소에 따르면, 2021년 기준 소프트웨어 부문 인력은 약 43만 9천 명(2020년 대비 13.8% 증가)이고, 지원 부문 인력을 제외한 소프트웨어 전문 인력은 약 35만 1천 명입니다. 전체 개발자 중에서 여성 개발자가 차지하는 비율은 21% 정도로 남성 개발자에 비하면 굉장히 적은 비율입니다. 이에 소프트웨어 정책연구소는 "2021년 기준 소프트웨어 인력 부문에서 적어도 여성 개발자의 비율이 40% 이상 되어야 IT 산업이 활성화되고, 더욱 성장할 수 있다"라고 한 바 있습니다.

또한, IR 칼럼니스트이자 소프트웨어 개발자인 전규현도 자신의 칼럼 「여자 개발자가 희망이다」에서 "여자 개발자에 대하여 여러 가지 편견이 있다. 여자 개발자는 실력이 없다, 책임감이 부족하다, 감정적이다, 언제 그만둘지 모른다는 등이다. 하지만 이러한 편견은 남성 중심적인 사고에 기인한 게 많고, 그동안의 개발 환경이 야근 강요, 코딩 중심, 무모한 프로젝트와 같은 성격을 띠는 경우가 대부분이어서 전투력 강한 개발자를 선호하다 보니 이런 편견이 생긴 것으로 생각한다"라고 언급했습니다.

제 경험에 비추어보면 여성 개발자는 공유와 협업 문화에 유연하게 적응하고, 꼼꼼한 마무리로 프로젝트를 성공적으로 이끄는 경우가 많았습니다. 끈질기게 물고 늘어지는 근성도 일등입니다. 같은 팀이었던 여성 개발자가 기억에 남습니다. 워낙 열정적이고 일을 잘하는 분이라 그분이 없으면 회사가 마비될 정도였죠. 실제로 그분은 회사의 소프트웨어 향상에 상당 부분 기여해 여성 개발자 인력 충원에 계기가 되었습니다.

남성과 여성 중 누가 더 개발 능력이 뛰어난지를 평가하는 것은 무의미합니다. 동등한 조건에서 상호 보완하며 일하는 게 중요합니다. 한국 소프트웨어 업계에 여성 개발자가 절대적으로 부족한 이유는 다음과 같습니다.

첫째, 여성 개발자가 일하기 힘든 환경이었기 때문입니다. IT 회사는 절대적으로 야근이 많은 직종이었습니다. 그래서 신체 조건상 조금 더 유리한 남성 개발자를 선호했습니다. 여기에 굳이 야근할 일이 없는데도 동료와의 의리 때문에 야근하는 이상한 분위기도 있었습니다. 지금은 많이 바뀌었습니다. 관리자 직급인 저도 정시에 퇴근하고 팀원들에게 야근을 강요하지 않습니다. 각자가 맡은 일을 종료하면 문제될 것이 없습니다. 갓 들어온 신입도 정시에 퇴근합니다. 지금은 이러한 업무 환경으로 여성 개발자가 느는 추세입니다.

둘째, 여성은 결혼 후 출산과 육아로 일을 그만둘 거라는 생각 때문입니다. 이 점은 안타깝습니다. 통계적으로 여성의 육아와 가사 부담률이 남성보다 높기 때문입니다. 여성 개발자는 퇴근 시간에 버그가 발견되면, 아이를 어린이집에 늦게까지 맡겨야 하는 현실에 난감해합니다. 여기에 '그래도 아이는 엄마가 키워야지'라는 시선, 일을 포기하는 게 남성일 경우 쏟아지는 우려와 비난 등은 능력 있는 여성에게 일을 포기하도록 만듭니다. 개선할 점이 많은 현실입니다. 출산과 육아로 인한 경력 단절 문제는 국가와 기업이 적극적으로 나서야 해결됩니다. 모든 산업군에서도 마찬가지입니다. 유연근무제와 육아휴직 제도, 재택근무 등을 확대하고 남성의 육아 참여와 여성의 일과 생활의 양립을 도와야 할 것입니다.

셋째, 남성 개발자가 개발을 더 잘한다는 선입견 때문입니다. 정말 그럴까요? 반은 맞고, 반은 틀립니다. 남성은 사실 어릴 때부터 코딩을 경험할 기회를 많이 얻습니다. 코딩을 시작하는 시기와 양이 같다면 실력 차이는 개인의 능력 차이이지, 성별의 차이는 아닐 것입니다. 여성 개발자가 개발을 못 한다는 건 편견입니다. 실제로 남성과 여성을 떠나 능숙하게 일을 처리하는 개발자가 있고, 그렇지 못한 개발자가 있을 뿐입니다.

개발자라는 직업은 적성에만 맞다면 누구에게나 좋은 직업입니다. 개인의 역량을 발휘할 수 있고, 연봉이 높은 편이며, 성장과 창업의 기회가 많기 때문입니다. 제 주변에는 출산 후 복직해서 여전히 능력을 펼치는 여성 개발자가 많습니다. 그렇다면 여성 개발자만의 강점은 무엇일까요? 바로 커뮤니케이션과 협업 능력이 탁월하다는 것입니다. 서로 경쟁하기보다 도우려는 특성이 있습니다. 물론 모두 그렇다는 것이 아니고 평균적으로 조금 더 그렇다는 의미입니다. 시니어 개발자로 올라가면 남성 개발자들은 깊게 파고드는 면에 강하고, 여성 개발자들은 일이 되게 하는 전체적인 구성에 강합니다.

개발자의 다양성을 강조하는 이유는 분야별 장점이 있기 때문입니다. 그래서 조화가 필요합니다. 남성 개발자는 모르는 게 있으면 주변에 도움을 청하기보다 되도록 혼자서 해결하려는 성향이 강합니다. 나쁘다고 할 수는 없지만, 결국 야근하는 일이 많습니다. 코드 리뷰를 할 때도 자존심을 세우느라 직원들을 힘들게도 합니다. 협업에 도움이 되는 성향은 아닙니다.

뛰어난 소프트웨어는 다양한 특성의 사람들이 모여서 협업하고, 그 다양성을 기반으로 창의적인 아이디어가 많이 나왔을 때 탄생합니다. 외로운 섬처럼 혼자 일하는 개발자는 연구용 프로그램을 만들 수 있을지 몰라도 상용화 프로그램은 절대로 만들 수 없습니다. 협업 없는 거대한 프로그램은 없습니다.

여성 개발자가 많아지기를 바랍니다. 여성 개발자가 절반이 넘을 때 대한민국은 세계 최고의 소프트웨어 강국으로 성장할 것입니다. 꼼꼼함, 세밀함, 끈질김을 갖춘 여성 개발자가 소프트웨어 개발 분야의 희망입니다. 개발자 세미나에 절반 이상이 여성 개발자로 채워지는 날을 기대해봅니다.

02

막힌 문제를 해결하는 돌파력

성냥불은 자신을 태우지만, 등잔불은 기름을 태웁니다. 익숙한 것만 하면 지루해지고, 새로운 것만 하면 불안해집니다. 많은 사람이 변화보다는 익숙함을 선택합니다. 익숙함을 선택하는 건 인간의 본능입니다. 익숙함 속에서 지루함을 느끼더라도 가던 길로 가 안정을 되찾고자 합니다. 개발자도 마찬가지입니다. 예전에 한 번 성공했던 개발 경험에 취해 그때의 방법이 지금도 통할 거라는 착각을 합니다.

그러나 개발자는 두렵더라도 새로운 것을 배우며 매일매일 성장해야 합니다. 개발자는 성장하지 않으면 죽은 고목나무처럼 삶에 의미가 없어지고, 우울함에 괴롭습니다.

개발자 중에도 권위를 내세우는 사람이 있습니다. 이들은 내가 알고 있는 오래된 지식만을 태워 일합니다. 시대가 변하고 신기술은 넘쳐나는데, 시대에 따라가려는 노력을 게을리합니다. 안타깝지만 사회는 이런 사람을 워하지 않습니다. 의리로 살아남을 수는 있으나 회사 입장에서는 내보내야 할 사람입니다. 좋은 개발자, 필요한 개발자가 되고 싶다면 심지가 아니라 새로운 지식이라는 기름을 계속 붓는 방법으로 빛을 내야 합니다. 나를 태우는 게 아니라 기름을 태워야 합니다.

또한, 개발자는 어떤 열매를 맺을 것인가를 고민해야 합니다. 개발자는 디지털 시대를 사는 인간에게 필요한 무언가를 만들어야 합니다. 그렇게 맺은 열매는 마치 대나무의 마디처럼, 나무의 나이테처럼 소프트웨어에 흔적을 남길 것입니다. 성공의 열매든 실패의 열매든 상관없습니다. 열매는 다 의미가 있으니까요. 개발자가 성장하고 열매를 맺는 모습은 아름답습니다.

개발자는 매일 설계하고 디자인해서 어떤 결과물을 만듭니다. 매일 돌을 쌓아 성곽을 짓듯이, 코딩하고 개발하며 점차 큰 성을 지어 갑니다. 순조롭게 진행될 때는 코딩도 막힘이 없습니다. '내가 왜 이렇게 잘하지?' 하며 대견스럽기도 하고, 빠른 속도에 스스로 놀라기도 합니다. 그러나 기능이 잘 구현되지 않거나, 버그가 발생하면 수렁에 빠집니다. 퇴근도 하지 못하고 시간만 보냅니다.

이럴 땐 쉬운 기능부터 구현해봅니다. 어차피 구현해야 할 다른 기능부터 처리하며 시간을 버는 것입니다. 그러고 난 후 바람을 쐬고 차를 한 잔 마시고 들어와 해결이 안 되는 문제를 바라봅니다. 해결이 되지 않던 문제가 새로운 관점으로 보이고, 해결의 실마리가 보입니다. 일정상 내일 처리해도 된다면 내일 맑은 머리로 해결하는 것도 나쁘지 않습니다.

다른 방법도 있습니다. 자신만의 함정에 빠져 있을 수도 있으니 동료에게 조언을 구하는 것입니다. 문제를 설명하다가 실마리를 찾게 될 수도, 동료의 조언으로 일을 해결할 수도 있습니다. 그래도 도저히 문제가 해결되지 않는다면, 돌파력을 발휘해 한 글자라도 더 타이핑해보는 것도 좋습니다. 그러다 보면 자연스럽게 문제가 해결되기도 합니다. 반대로 스케치하며 문제의 원인을 깊이 생각해볼 수도 있습니다. 깊이 생각하며 해결 방법을 찾는 것입니다. 문제가 생겨 수렁에 빠지면 개발자는 정신과 마음을 갉아먹힙니다. 개발자는 이 상태에서 빠르게 벗어날 돌파력이 필요합니다. 막힌 물꼬를 트고, 수렁에서 탈출할 방법을 반드시 찾아야 할 것입니다.

어떻게든 문제를 해결했다면, 블로그나 에버노트 등에 정리해 공유하세요. 다른 사람들에게도 유용한 자료가 될 것입니다. 많이 공유할수록 실력이 늘고 문제 해결 속도가 빨라지니 삶에 여유가 생깁니다. 기록은 개발자의 산 역사가 됩니다.

마케팅 전문가 댄 히스의 저서 『업스트림』에는 이런 내용이 있습니다. "당신이 친구와 함께 강가에서 소풍을 즐기고 있는데, 갑자기 강 쪽에서 다급하게 외치는 소리가 들린다. 어린아이가 물에 빠진 것이다. 두 사람 다 곧장 물에 뛰어들어 아이를 구해 강가로 데리고 나온다. 그런데 숨 돌릴 틈도 없이 또 다른 아이가 도움을 요청하는 소리가 들린다. 당신과 친구는 아이를 구하려고 다시 강물에 뛰어든다. 그게 끝이 아니다. 물속에서 허우적대는 아이가 보이고, 또 보이고, 계속 보인다. 두 사람의 힘으로는 다 구하기가 벅찰 정도다. 그때 갑자기 친구가 당신을 혼자 두고 물 밖으로 나간다. '어딜 가는 거야?' 당신이 묻자 친구가 답한다. '상류(upstream)로 가서 아이들을 물속에 던져 넣는 놈을 잡으려고'".

개발자들은 발생한 문제를 호기롭게 해결하는 영웅을 좋아합니다. 물론 훌륭합니다. 문제 지점에서 활약하는 다운스트림 개발자는 위대합니다. 하지만 우리는 애초에 문제가 생기지 않도록 조용히 시스템을 만드는 사람들에게 더 많은 영감을 받아야 합니다.

문제는 해결하는 게 아니라 예방하는 것입니다. 일이 터졌을 때 대응하는 게 아니라 체크리스트를 만들어 점검하며 문제가 발생하지 않도록 하는 것입니다. 회사는 누군가의 숨은 노력을 잊어서는 안 됩니다. 이런 사람을 찾아내는 회사가 좋은 회사입니다.

지금 어떤 문제에 봉착해 있다면, 과거에 어떤 문제가 있었는지 곰곰이 생각해보세요. 내 과거인 강의 상류에서 어떤 일이 벌어졌는지를 알면, 지금 내가 왜 이 하류에서 허우적대고 있는지를 알 수 있습니다. 앞으로 이런 일을 재연하고 싶지 않다면 상류에서 원인을 찾아 제거해야 합니다. 과거를 복기하며 강의 상류로 올라가 보면 현재의 문제를 해결하고, 반복되는 문제에 마침표를 찍을 수 있습니다.

나무를 심기 가장 좋을 때는 20년 전입니다. 그리고 두 번째로 좋을 때는 바로 지금입니다. 과거를 재해석한 후 바로 지금 새로운 나무를 심으세요. 지금 아무것도 하지 않으면 어떤 역사도 시작되지 않습니다.

03

일 잘하는 개발자에 관한 생각

숲의 요란한 교향곡을 모두 들은 후 숲에서 나옵니다. 나무와 풀들은 '에너지 악기'이고, 내 몸의 세포는 '자연의 소리에 매료된 관객'과 같습니다. 숲에 있을 때는 녹색의 콘서트에 흠뻑 취한 상태입니다. 경직되었던 몸과 생각은 다시 생기를 얻어 창조력과 상상력을 회복합니다. 그렇게 숲에서 나오면 저는 완전히 다른 모습이 됩니다.

저의 정체성은 숲에 있습니다. 숲이 저를 살립니다. 궁극적으로 우리 모두에게 정말로 필요한 것은 조용한 장소, 작은 나무 한 그루, 앉을 수 있는 벤치 하나입니다. 이런 쉼이 있고 난 뒤 집으로 돌아와 다시 개발에 집중합니다. 쇠뿔도 단김에 빼라는 속담은 어떤 일이든 기회가 왔을 때 바로 실행하라는 뜻입니다. 우리 조상들은 수소의 뿔을 뽑을 때, 뿔을 뜨겁게 달궈 말랑해지면 바로 뽑았습니다. 미적거리다 열이 식으면 다시 굳어져 뺄 수 없기 때문입니다. 즉, 무슨 일이든지 때가 있습니다.

개발 생산성의 핵심은 집중력입니다. 집중한 후 가속도를 붙이세요. 집중력은 생산성을 향상하는 마법의 알약이라고 믿습니다. 비행기는 이륙할 때 활주로에서는 천천히 이동하지만 창공을 나는 순간에는 엄청난 속도로 가속도를 붙입니다. 그러고는 거침없이 창공을 가릅니다. 개발자 역시 어느 정도 궤도에 오를 때까지는 집중력을 발휘해야 합니다. 그렇게 목표한 궤도에 한 번 떠올랐으면 계속 밀어붙여 흐름을 유지해야 합니다. 집중 상태에 도달하기까지는 시간이 걸리지만 한 번 도달하고 나면 단시간 내에 정말 많은 일을 할 수 있습니다.

집중력을 발휘하기 위해서는 주위 환경과 엄청나게 싸워야 합니다. 수많은 회의가 있고 이메일이 오고 전화가 옵니다. 이를 다 처리하다 보면 일의 흐름이 깨지고 생산성도 깨져 다시 활주로로 내려와야만 합니다. 다시 가속도를 올리는 건 쉽지 않을 것입니다.

이메일은 시간을 정해 하루에 두 번 정도만 확인하고, 메신저의 답장은 잠시 미루는 게 좋습니다. 방해 세력을 물리치고 해야 할 일에 몰두하면, 단시간 내에 며칠 분량의 업무도 해낼 수 있습니다.

집중력이 부족하면 훈련해봅시다. 30분 분량의 일을 골라, 일에 집중할 30분을 확보한 후 온전히 몰두하는 것입니다. 코딩할 때도 궤도에 오르는 것이 중요합니다. 궤도에 올라서면 거침없이 일하는 자신의 모습에 놀랄 것이고, 좋은 결과물에 놀랄 것입니다. 매일 이런 경험을 하는 개발자라면 반드시 좋은 개발자가 될 것입니다.

일 잘하는 개발자는 설계를 엉망으로 하면 언젠가 그것이 부메랑이 되어 돌아온다는 걸 잘 알고 있습니다. 대표적인 예가 '레거시 코드'입니다. 레거시 코드는 프로그램의 흐름을 파악하기 어려운 코드, 가독성이 떨어지는 코드로 수많은 버그의 가능성을 품은 지뢰와 같습니다. 이런 코드는 버그가 발생해도 발견하기가 어렵습니다. 예외 처리 때문에 버그 트래킹 툴에 잡히지 않는 경우가 허다합니다. 이런 잠재적인 버그를 품고 있는 설계는 사용자를 불편하게 하고, 심한 경우 사용자에게 손실을 끼쳐 이탈하게 만듭니다.

일 잘하는 개발자는 좋은 설계를 통해 제품 코드 품질을 높여 빠른 개발 속도를 유지하고, 예상하기 힘든 버그 발생을 예방하는 사람입니다. 개발자로 일하다 보면 단시간 내에 제품을 개발해야 하는 상황을 한 번쯤은 마주치게 됩니다. 클라이언트의 요구 때문일 수도 있고, 이제 막 시작하는 스타트업이라 빠르게 마켓을 찾아야 하거나, 정말로 회사 통장에 돈이 없어서 오늘내일하는 상황 때문일 수도 있습니다. 중요한 것은 이유가 아니라 제품을 빨리 개발해야 한다는 것입니다.

일 잘하는 개발자는 비즈니스 인사이트를 갖춘 사람입니다. 개발자는 프로그래밍으로 돈을 벌기 위해 고용된 인력입니다. 기술적 토픽에 관해 이야기하는 것도 필요하지만, 비즈니스에 관해서도 이야기할 수 있어야 합니다. 설계와 비즈니스의 균형점을 찾아야 할 것입니다. 아무리 개발자가 미래를 생각하며 좋은 설계를 한다고 해도, 당장 다음 달에 회사에 돈이 없어 망하게 되면 코드는 무용지물이 됩니다. 즉, 일 잘하는 개발자는 비즈니적 관점으로 안정적인 설계를 하고, 빠르게 제품을 개발, 테스트, 배포해 수익을 내는 사람입니다.

회사라는 이익 집단은 프로그래밍만 잘하는 사람보다 프로그래밍 통해 사용자를 만족시키고, 이에 따라오는 매출을 창출할 수 있는 사람을 원합니다. 실제로 많은 조직이 개발자에게 코딩 기술 외에 이해관계자들과의 협업 능력, 리더십 능력, 비즈니스 인사이트, 사용자 경험에 대한 이해 등의 다양한 능력을 요구합니다. 특히, 원활한 협업 능력이나 사용자 경험에 대한 이해 능력 등은 장기적으로 봤을 때 회사의 브랜딩과 조직의 일하는 방식, 퍼포먼스 등에 큰 영향을 끼치므로 회사는 이런 능력을 소홀히 보지 않습니다. 개발자 역시 자신이 소속된 조직의 제품이 시장에서 성공하기 위해 달리는 많은 팀원 중 하나입니다. 조직의 전체적인 비즈니스 상황을 볼 수 있는 넓은 시야를 가져야 합니다.

개발 능력을 향상하고 싶다면 해커톤 참가를 추천합니다. 해커톤은 소프트웨어 개발 분야 사람들이 한정된 기간 내에 소프트웨어 결과물을 만들어내는 대회입니다. 프로그래머, 그래픽 디자이너, 사용자 인터페이스 설계자, 프로젝트 매니저 등이 한 팀이 되어 앱 서비스, 웹 서비스, 비즈니스 모델 등을 만들죠. 참가하는 것만으로도 의미가 있습니다. 가끔 이런 대회에 나가 실력을 검증받고, 성공과 좌절을 맛보세요. 상금을 받는다면 훌륭하지만, 참가 자체가 상금입니다.

업무 외의 개인적 프로젝트 진행도 추천합니다. 저도 개인적으로 개발해 내놓은 앱이 있습니다. 세계 여러 나라의 사용자가 편리하게 사용하고 있습니다. 큰돈을 벌기는 어렵지만, 그래도 돈을 벌 수 있습니다. 돈을 받으면서 기술을 확장할 수 있으니 일거양득입니다. 이런 개발자들의 노력이 IT 강국으로 도약하는 밑거름이 될 것입니다.

04

기술자 블로그 만들기

가을 단풍을 보기 위해 설악산에 갔다가 봉정암에서 80대의 한 할아버지를 만났습니다. 산이 좋아서 자식과 손주들이 다 말렸는데도 생애 마지막이라고 생각하고 오셨다고 합니다. 할아버지께서는 이 나이가 되어 살아온 인생을 되돌아보니 별거 없다고 하십니다. 부질없고 의미 없는 일들에 왜 그렇게 죽자 살자 덤비며 아등바등 살았는지 후회된다고 하십니다. 저는 그 말씀을 들으며 '과연 내가 늙어 삶을 되돌아봤을 때 후회하지 않는 삶을 살았다고 생각할 수 있을까?'를 고민했습니다. 후회하지 않는 삶을 살기 위해서는 기록을 남기고, 그 기록이 세상에 선한 영향력을 미칠 수 있으면 좋은 삶이라는 생각이 들었습니다.

기록을 남기려면 공간이 있어야 합니다. 그중 블로그는 기록을 남기기에 좋은 공간입니다. 또 블로그 운영은 전문인으로서의 성장을 위해서도 필요합니다. 이전 직장에서는 보안 때문에 블로그에 글 쓰는 게 불가능했지만, 지금 직장은 어느 정도 자유로워 저는 제 기술들을 블로그에 정리하고 있습니다.

블로그는 대형 포털 사이트에서 운영하는 플랫폼으로 선택하는 게 좋습니다. 포털 사이트 운영이 어려워져 문을 닫게 되면, 그간 쌓아온 내 데이터도 한순간에 사라져 버리기 때문입니다. 오래 살아남을 수 있는 플랫폼을 골라 꾸준히 일상과 기술 자료를 올리세요. 방문자 수에는 크게 신경 쓰지 않아야 합니다. 중요한 것은 그간 익혔던 개인 기술을 정리해 기록하는 습관입니다. 잠들기 30분 전에 한 개씩만 꾸준히 올려도 성공입니다. 일해온 햇수는 개발 실력을 증명해주지 못해도 남겨 둔 기록은 내 경력과 실력을 증명해줍니다. 창업의 씨앗이 되어줄지도 모르죠.

개발자가 자료를 남기는 것은 시대적이고 역사적인 사명입니다. 안중근 의사가 하얼빈에서 의거를 일으키는 것이 사명이었다면, 개발자는 지식을 기록해 남기는 것이 사명입니다. 이렇게 남긴 글이 IT 소프트웨어 숲을 이루고, 공유 문화가 확산될 때 우리나라가 소프트웨어 강국으로 올라설 수 있을 것입니다.

저도 처음에는 블로그를 사적인 것들로 채웠습니다. 그러다가 차츰 개발과 관련된 글을 포스팅해 나갔습니다. 그러자 책을 내보자는 출판사의 제의도 받았습니다. 요즘에는 명함이 따로 필요 없습니다. 블로그로 나를 알릴 수 있으니까요. 하루라도 빨리 블로그를 시작해 데이터를 모으기 시작하세요. 지금도 늦지 않았으니 당장 시작해야 합니다.

블로그를 통해 얻을 수 있는 것은 많습니다. 전문적인 지식을 쌓고, 공유를 통해 전문가로 성장할 수 있으며, 글쓰기와 커뮤니케이션 능력을 향상할 수 있습니다. 책을 출간하거나, 강연과 인터뷰의 기회를 얻을 수도 있습니다. 과거에 대한 기록은 미래를 개척합니다. 블로그는 생각의 보물상자입니다. 블로그 데이터베이스는 장차 미래 먹거리가 될 것입니다. 다음은 블로그 관리 방법입니다.

첫째, 특화한 블로그를 만듭니다. 스무 가지가 넘는 그저 그런 맛의 음식을 파는 분식집이 아니라 정말 맛있는 떡볶이 하나를 파는 떡볶이 맛집이 되어야 합니다. 소프트웨어에 관한 블로그를 만들고 싶다면 전문적인 코딩 지식을 포스팅해야 합니다. '이 블로그에 가면 소프트웨어 자료가 있을 거야!'라는 생각이 들게 만들면 방문자가 늘 것입니다. 방문자가 많고, 방문자의 재방문 수가 많다면 성공입니다.

둘째, 남이 원하는 글이 아닌 나의 식견이 녹아든 내 글을 써야 합니다. 구독자가 원하는 것은 해당 블로거의 식견과 전문성입니다. 지나가는 방문자가 아니라, 내 글을 기다리는 구독자가 있다면 성공입니다.

셋째, 글쓰기의 목표를 세웁니다. 목표가 있는 글에는 힘이 있습니다. 목표는 다양합니다. 지식의 공유, 책 출간, 전문 지식 향상, 은퇴 후 창업 등이 있을 것입니다. 목표와 방향이 명확한 상태에서 축적의 힘을 믿고 꾸준히 적어 나간 블로그는 세상에 선한 영향력을 미칠 것입니다.

제 주변에는 블로그로 성공한 사람이 있습니다. 블로그를 통해 쇼핑몰을 개설해 성공한 선배입니다. 선배가 30년간 꾸려온 사업은 사양 산업이었습니다. 그래서 그간 꾸려온 사업을 블로그에 소개하기 시작했고, 지금은 사업과 블로그를 융합해 상당한 월 매출을 올리고 있습니다. 사업 제의가 많이 들어와 다른 분야로도 확장하고 있다고 했습니다.

개발자도 블로그를 통해 창업을 준비할 수 있습니다. 은퇴 후를 준비하는 마중물로 삼아 소프트웨어와 의료기기, 농업, 생명공학, 바이오산업 등과 연관된 전문 지식을 축적하세요. 시간의 진화를 믿는다면 저장해 둔 블로그 데이터는 미래에 알토란 같은 열매가 될 것입니다.

05

개발 스터디가 우후죽순 생겨야 한다

융합은 어느 분야에서나 중요한 이슈입니다. 그런 의미에서 개발자와 작가가 함께 떠나는 여행 모임을 만들고 싶습니다. 결이 맞지 않아 보이는 개발자와 작가가 모닥불 곁에 앉아서 진솔한 대화를 나눈다면 인사이트를 얻고 서로의 생각을 접붙여볼 수 있을 것입니다. 결과물은 없어도 좋습니다. 그 자체가 휴식이고, 뇌를 충전하는 시간이 될 것입니다. 코딩과 인문학을 비교하고 설명하며 디지털과 아날로그에는 크레바스가 없음을 알아가는 시간, 개발자와 인문학자가 자연스럽게 융합되는 시간이 되길 꿈꿔봅니다.

개발자들은 늘 바빠서 다른 개발자들을 만나기가 어렵습니다. 그래도 개발자 모임을 개최하면 언제나 일찌감치 마감됩니다. 의욕 있는 개발자는 어디에나 있고, 그만큼 다들 모임과 스터디에 목말라 있다는 이야기입니다. 개발자는 지식을 공유해야 실력이 오른다는 단순한 사실을 아주 잘 알고 있습니다. 며칠간 해결하지 못한 문제를 이미 경험한 사람에게 물으면 5분 만에 해결되니까요. 실력 있는 사람을 안다는 건 나침반을 얻은 것과 같습니다. 속도는 느려도 방향은 맞게 갈 수 있으며, 헛발질하지 않고, 삶을 낭비하지 않게 됩니다.

이동통신이 막 활성화되었을 때, 유명인이 주최하는 모임에 참석한 적이 있습니다. 많은 사람이 모였고, 그만큼 다양한 이야기를 들을 수 있었습니다. 그러나 이동통신 마케터, 영업자, 개발자들이 섞여 있다 보니 실무에는 도움이 되지 않았습니다. 내용은 광범위하고, 발언권은 얻기 힘들었으며, 알고 싶은 부분을 깊이 알 수 없어 아쉬웠습니다. 그래서 저는 개발 스터디를 운영할 때 다음과 같은 가이드라인을 정합니다.

첫째, 스터디 기간을 정합니다. 스터디 종료 기간이 없으면, 스터디 목적이 퇴색하고 사교 모임으로 전락할 위험이 있습니다. 목적이 퇴색한 스터디는 긴장감이 떨어지기 마련입니다. 기간을 정확히 설정하고, 끝나면 스터디를 종료하세요. 이후 사적으로 모임으로 유지하며 정보를 공유하면 부담이 없습니다.

기간은 3개월 정도가 적당합니다. 예를 들어 WFP, C# 등은 3개월이면 익히고, 원하는 프로그램을 만드는 데 무리가 없습니다. 다른 과제를 배우고 싶다면 다시 이합집산하면 됩니다.

둘째, 모임 시작 후 한 달간은 학교나 회사를 공개하지 않습니다. 그래야 상대를 편견 없이 보고 자유롭게 토론할 수 있습니다. 요즘 유행하는 연애 프로그램을 보면, 처음에는 각자의 정보를 드러내지 않습니다. 서로에 대해 잘 모르는 상태로 선입견 없이 터놓고 이야기한 뒤에 자신을 공개합니다. 개발자 스터디도 그렇습니다. 한 달 동안은 자기소개 없이 코딩이나 기술적인 내용에 대해서만 의견을 나눕니다. 개인 정보는 스터디 중반쯤에나 오픈합니다. 이렇게 진행하면 막힘없이 스터디 내용에 집중하고, 새로운 사람을 알아가는 재미와 인맥의 원을 넓힐 수 있습니다. 동종 업계 종사자는 경쟁자가 아니라 서로 돕고 상생하는 동지라는 것을 잊지 마세요. 한번 맺은 연이니 서로 도움을 주고받게 될 것입니다.

셋째, 스터디 인원은 5~9명 정도로 제한합니다. 5인 이하 스터디는 한 사람만 불참해도 밀도가 낮아지고, 10인 이상 스터디는 집중도가 떨어집니다. 집중도가 떨어지는 스터디에서는 발언권을 얻지 못해 '바쁜 시간에 내가 왜 여기에 앉아 있지'라는 생각이 들기 마련입니다. 또 성비가 비슷하고 연령대가 다양하면 금상첨화입니다. 아무래도 성비가 적절하면 토론 분위기가 밝아지고, 연령대가 다양하면 그간 경험하지 못했던 지적 희열을 느낄 수 있습니다.

넷째, 구체적인 목표를 세우고 규칙은 간단하게 정합니다. 코딩 공부가 목적인데 디자이너나 영업자가 오면 스터디의 몰입도가 약해집니다. 한 대의 마차를 두 마리의 말이 다른 방향으로 끌고 가려는 모양새가 될 수 있습니다. 그러므로 목표는 최대한 구체적으로 정합니다. 목표가 같으면 2배가 아니라 가속도가 붙은 4배의 속도로 스터디에 몰입할 수 있습니다. 예를 들어, 안드로이드를 공부하기로 했으면 자바인지, 코틀린인지 세부적인 개발 언어를 구분해 진행합니다.

스터디의 규칙은 깃허브에 소스를 공유하고, 일정 내에 규칙을 풀게 합니다. 구글의 경우, 코틀린과 자바 관련 스터디 코드는 무척 잘 되어 있습니다. 규칙을 정해 풀고, 공유한다면 프로그램을 익히기 수월합니다.

스터디의 최종 목적은 성장입니다. 스터디는 현재 자신의 실력을 객관화할 수 있는 바로미터가 될 것입니다. 좋은 스터디가 없다면 직접 스터디를 만드는 것도 방법입니다. 처음에는 희생이 따르지만, 선한 영향력을 미치고자 노력한다면 좋은 사람들이 모여 성장의 열매를 맺을 것입니다. 혼자 공부하기에는 시간이 부족합니다. 놀러도 가야 하고, 게임도 해야 하는데 시간이 없습니다. 스터디를 통해 십시일반 도와가며 공부한다면 시간도 절약되고, 실력도 키울 수 있습니다.

저는 개발 스터디 외에 독서 모임도 꾸준히 하고 있습니다. 독서 모임을 통해 매달 일정량의 책을 읽고, 사람들을 만나 이야기를 나누며 타인의 삶을 엿보고 배웁니다. 이들을 만나 차를 마시며 대화하면 사고의 확장이 일어나고 지적 희열을 느낍니다. 개발자는 개발 분야뿐 아니라 다양한 분야를 배우고 익혀 성장해야 할 것입니다.

06

개발자의 야근 문화

저녁 무렵, 멀리 시내 아파트에 불빛이 들어오기 시작하는 걸 보니, 불빛에 뛰어들면 죽는지도 모르는 불나방처럼 일하던 시절이 떠오릅니다. 지금은 야근을 거의 하지 않지만, 2000년대 초 이동통신 기술 열풍이 불던 때는 자정 넘어 퇴근하고, 주말 없이 출근하는 게 일상이었습니다. 매일 아빠를 기다리며 잠든 아이의 얼굴만 보았죠.

예전, 경기도 판교와 서울 구로에 있는 IT 회사들은 한때 '판교의 등대', '구로의 오징어잡이 배'로 불렸습니다. 이동통신이 태동하던 무렵이라 IT 개발자 모두 일 욕심이 강하고, 저녁밥 먹고 다시 일하는 게 당연하며, 아침에 동료가 밤샘 근무했다는 걸 알게 되면 미안해했던 때였습니다. 피처폰 개발업체가 대기업과 중견기업에 우후죽순 생기던 그때는 그야말로 IT의 춘추전국시대였습니다.

한 번은 한 해의 마지막 날 이슈가 발생해 새벽에 퇴근하는데 자괴감이 들었습니다. '내가 무엇을 위해 이렇게 사나, 이러다 말라 죽겠구나' 싶었죠. 일한 만큼 보상을 받지 못하고, 혹사당하는 업계의 모습이 아마 IT 업종을 3D 직종으로 보이게 했을 것입니다.

'크런치 모드(Crunch Mode)'란 게임업계에서 게임 출시 시기에 맞춰 게임 완성도를 높이기 위해 강도 높은 야근과 밤샘 근무하는 행태를 일컫는 말입니다. 마감을 앞두고 수면, 영양 섭취, 위생, 기타 사회 활동 등을 희생하며 장시간 업무를 지속하는 것입니다. 이런 일이 반복되면 숙련된 개발자는 떠나고, 신입 개발자가 들어와 일을 배워 능숙해질 즈음 다시 떠나는 악순환이 발생합니다. 제비가 낮게 날면 비가 옵니다. 악순환의 징조가 보이면 업계는 퇴락의 길로 들어서게 됩니다.

소프트웨어 개발은 단거리 달리기가 아닌 장거리 마라톤입니다. 긴 호흡으로 달려야 합니다. 예전에는 정시에 퇴근하면 뒤통수가 따갑고, 야근을 밥 먹듯이 하지 않으면 일이 없는 줄 알고 새 프로젝트를 주는 일이 많았습니다. 그러나 그렇게 일해 남는 건 피폐해지는 삶과 깊은 피로뿐입니다.

영업은 숫자로 평가할 수 있지만, 개발 업무는 숫자로 평가하기가 어렵습니다. 개발자가 야근을 많이 하면 생산성이 높을까요? 그리 보이기는 합니다. 관리자로서는 개발 기간을 최대한 단축하고 싶고, 거기에 맞춰진다면 이득이니까요. 그러나 개발자의 건강을 희생해 단기적 효과를 거둘 수 있을지는 모르나, 내부적으로는 상처만 입게 됩니다. 심리학자 김경일 교수는 저서 『김경일의 지혜로운 인간 생활』에서 "접근 동기란 좋은 것을 추구하고 싶은 욕구, 즉 내가 하고, 보고, 이루고 싶은 것을 누리려는 욕구를 말하고, 회피 동기란 싫어하는 것을 피하려는 욕구, 내가 싫어하는 것은 안 보고 안 겪고 싶은 욕구"라고 말했습니다. 가능하면 접근 동기로 일을 하는 편이 긴 호흡으로 보았을 때 좋은 문화일 것입니다.

습관적인 야근의 부작용은 매우 큽니다. 장기적으로 봤을 때 개발자의 창의력과 사기가 저하되며 제품의 품질이 떨어집니다. 사생활을 포기하며 자기 계발을 하지 못하는 개발자는 소모품으로 전락하고 맙니다. 부품이 되어 버린 직원으로 발전할 수 있는 회사는 없을 것입니다.

야근은 반드시 줄여야 합니다. 소프트웨어라는 결과물은 투자한 시간과 비례하지 않을뿐더러, 개발자는 창의적으로 일해야 생산성을 높일 수 있습니다. 야근을 줄이는 방법은 모듈화해서 계획적으로 일하는 것입니다. 계획을 세울 때는 무리하지 않아야 하며, 예외적인 상황이 발생했을 때의 대처 시간까지 고려해야 합니다. 검증 및 사용자 평가 시간까지 일정에 넣어야 합니다. 개발했다고 완료가 아니라 사용자 평가에서 문제가 없어야 완료입니다. 야근과 휴일을 개발 일정에서 제외함은 당연합니다.

개발자에게 자기 계발은 필수입니다. 개발자로서 더 성장하고 싶다면 다양한 분야의 프로그래밍 기술을 습득해야 합니다. 다른 길을 가고 싶다면 그 길에 맞는 것을 배우며 미래를 준비해야 합니다.

운동을 하거나 자연과 함께하는 시간도 많아지면 좋겠습니다. 저는 퇴근 후 매일 숲에 들어가 자연을 관찰합니다. 걷고 생각하며 글의 소재를 찾고, 건강을 유지하기 위해 머리를 비웁니다. 개발과 동떨어져 보이는 인문학적 독서를 많이 하는 것도 길게 보면 꼭 필요한 활동이며, 삶을 풍요롭게 합니다.

가능하면 가족과 시간을 보내기를 권장합니다. 나이가 드니 아이들이 어렸을 때 시간을 함께 보내지 못한 것이 너무 아쉽습니다. 해외로 출장 다니고 야근하느라 아이들과 추억을 만들지 못하다 보니 대화할 거리도 많지 않습니다. 요즘에는 회사 어린이집에 아이를 맡겼다가 함께 퇴근하는 모습이 너무 부럽습니다. 크게 경제적 부를 이룬 것도 아닌데, 아이들과 소중한 추억이 없다고 생각하니 슬픕니다. 친구들과 술 마시는 데 시간을 쓰기보다 가족과의 추억 쌓기에 시간을 쓰세요. 일하는 목적에 가정이 있음은 굳이 설명하지 않아도 될 것입니다. 미혼이라면, 10년 후의 미래를 그리며 꾸준히 준비하는 시간을 갖는 것이 좋겠습니다.

야근을 줄이는 것이 소프트웨어의 생산성을 높이는 길입니다. 소프트웨어도 공장처럼 체계적으로 조립되어 순차적으로 개발되는 것이 가장 이상적입니다. 정확한 업무 분석을 통해 개발자별 해야 할 일이 명확하게 정의되어 있고, 인터페이스 부분의 소통이 원활하다면 소프트웨어를 빨리 개발할 수 있습니다. 개발자가 많다고 해서 생산성이 향상되는 것도 아닙니다. 예전에 100명이 넘는 개발자가 투입된 프로젝트를 진행한 적이 있는데, 결과는 실패였습니다. 개발자들이 문서 한 장 없이 모래알처럼 흩어져 각자의 방향으로 열심히 뛰었기 때문입니다. 꼭 필요한 기능만 넣어야 하는데 이런저런 기능을 다 넣다 보니, 시간은 시간대로 걸리고 다른 부분에 영향을 주는 문제도 많았습니다. 사용자에게 필요 없는 기능은 과감히 가지치기해야 합니다. 업무를 분석하고 설계하는 일을 명확히 한 후 소스 관리, 이슈 관리, 코드 리뷰 시스템으로 뒷받침해준다면 매우 효율적일 것입니다.

개발 업계를 떠난 사람이 다시 돌아오지 않는 이유는 개인의 삶이 보장되지 않기 때문입니다. 임금이 일시적으로 오른다고 해결되는 것은 더더욱 아닙니다. 가장 중요한 건 정확한 설계를 바탕으로 한 정량화된 개발 일정입니다. 강압적인 일정은 개발자 개인뿐 아니라 회사에도 악영향을 끼친다는 것을 잊지 않아야 합니다. 야근하지 않는 문화가 소프트웨어의 생산성을 높이고, 개발자를 성장하게 합니다.

07

따뜻함이 있는 소프트웨어

최근 그림을 보는 취미가 생겼습니다. 좋은 그림을 보면 힘들었던 마음이 치유되는 느낌입니다. 개인적으로 이미경 작가의 「구멍가게」 연작을 좋아합니다. 보고 있으면 마음이 편안해지고 입가에 미소가 지어집니다. 가끔 미술관에서 마음을 사로잡는 그림을 만날 때도 있습니다. 그런 그림은 시간이 지나도 선명하게 떠오릅니다. 큐레이터에게 가격을 물어보니 아파트 한 채 값입니다. 가치를 아는 사람은 살 것입니다. 소프트웨어도 그러해야 합니다. 마음이 편안해지고, 입가에 미소가 지어지고, 살 만한 가치가 있어야 합니다. 그렇다면 그림처럼 편안함을 주는 소프트웨어를 만드는 방법은 무엇일까요?

첫째, 사용자 인터페이스가 한눈에 파악될 만큼 직관적이어야 합니다. 시니어들이 친근하게 다가갈 수 있는 소프트웨어, 시니어 세대에게 자신감을 주는 소프트웨어라면 더없이 좋습니다.

자신감과 용기를 주려면 타인을 이해하고 배려하는 마음이 있어야 합니다. 버튼 하나를 구성할 때도 사용자가 불편할 점은 없는지 살펴야 합니다. 현재 시니어들은 IT 기술에서 소외되어 있습니다. 이런 소외된 시니어들이 쉽게 사용할 수 있는 소프트웨어라면 좋은 소프트웨어입니다. 시니어가 잘 사용한다면 다른 세대도 무난히 사용할 수 있다고 봐도 괜찮습니다.

둘째, 김치처럼 친근하고 정겨운 소프트웨어여야 합니다. 4차 산업혁명이니 인공지능이니 하며 마치 IT 기술이 사람과는 먼, 우주의 이야기처럼 느껴지는 소프트웨어는 안 됩니다. 소프트웨어는 우리가 매일 먹는 김치처럼 친근해야 합니다. 언제나 손에 닿고, 편하게 사용할 수 있어야 합니다. 가장 한국적인 감성의 소프트웨어가 좋습니다.

셋째, 더 사용하고 싶은 마음이 드는 소프트웨어여야 합니다. 계속 체험하며 체류하고 싶도록 설계해 사용자를 붙들어야 합니다. 가끔 자기만의 세계에 블랙홀처럼 빠져들어 작업하는 개발자가 있습니다. 이런 개발자는 사용자는 안중에도 없고, 오직 내가 만들고 싶은 프로그램을 만드는데, 이렇게 만든 프로그램은 연구용이나 테스트용에서 끝나는 게 대부분입니다. 소스 한 줄 한 줄 인간을 향한 철학과 감성을 담으세요. 좋은 그림이 감동을 주는 것처럼 소프트웨어도 사용자에게 감동을 주어야 합니다.

넷째, 단순해야 합니다. 스티브 잡스의 "Simple is the best"라는 말처럼요. 아이폰이 성공한 원인은 버튼 하나로 모든 것을 동작시키는 단순함에 있습니다. 디자인에도 단순함이 통합니다. 순백색의 백자는 단순하지만 소박한 멋이 있습니다. 아무리 좋은 LCD라 할지라도 단순한 사용자 인터페이스가 더 사랑받는 법입니다. 개발자는 예술가와 같습니다. 도공이 혼을 불어넣어 빚은 도자기는 예술적 가치가 있습니다. 개발자가 혼을 불어넣어 코딩해 만든 소프트웨어도 사용자의 기억에 남는다면 예술이 됩니다. 디자인적 감각이 없다면, 디자이너와 함께 더 단순하게 만드세요.

다섯째, 가치를 융합해 개발하고, 인간에게 편안한 디자인이어야 합니다. 소프트웨어 엔지니어들은 디자인에 약합니다. 코딩하기에도 바빠 디자인까지 할 여력이 안 되기도 합니다. 그래도 구상한 바를 요청할 정도의 디자인 감각은 있어야 합니다. 옷을 많이 입어봐야 코디에 능해지듯, 디자인도 계속 떠올려보면 늡니다. 소프트웨어 엔지니어라고 해서 디자인을 남의 일로 생각하고 코딩만 하고 있으면 그 수준을 벗어나지 못합니다. 업데이트로 기능이 추가된다면 디자인도 변화할 것이므로 감각을 키워 나가도록 하세요.

따뜻한 소프트웨어의 필요성은 코로나 팬데믹 이후 더욱 커졌습니다. 사회적 급변으로 인한 부작용이 곳곳에서 드러났기 때문입니다. 스티브 잡스의 아이폰이 세상에 혁신을 불러왔다고는 하나, 그조차 몇 년에 걸친 변화였지 이 정도로 문화, 산업, 교육, 경제 변화 전반의 기폭제가 되지는 않았습니다.

변화의 부작용은 매우 많습니다. 우선 자영업자의 경제 사정은 최악입니다. 뉴스에서 접하는 자영업자의 사정에도 막막함이 느껴지는데 실제로는 생존의 줄타기입니다. 또, 코로나 블루를 넘어 분노와 좌절, 절망을 경험하는 사람이 많아졌습니다. 사회적 격차는 이전보다 깊어졌습니다. 부자는 주변에 사람이 많으니 코로나 이후에도 여전히 사람들과 소통하며 외로움을 달랩니다. 백화점에 가서 쇼핑으로 스트레스를 풀기도 합니다. 그러나 서민은 그야말로 경제 직격탄을 맞는 위기에 휘청입니다.

이런 사회에 필요한 것이 따뜻한 소프트웨어, 인간적인 IT 기술입니다. 예를 들어, 줌은 자식을 대면할 수 없는 요양원 어르신들에게 소통의 창구가 되어주었습니다. 또 많은 기업이 홀몸노인과 장애인의 자립을 위한 AI 돌봄 서비스 등의 소프트웨어를 내놓았습니다. 이렇게 첨단 IT 기술은 사람과 사람 사이를 가깝게 이어주는 소프트웨어로 거듭나야 하며, 개발자는 이를 위해 인간을 깊이 이해하는 능력이 있어야 합니다. 따뜻한 소프트웨어를 만드는 개발자는 다음과 같은 조건을 갖추어야 합니다.

첫째, 사용한 개발 언어와 알고리즘에 자신 있어야 합니다. 프로그래밍에 자신이 없는데 사용자의 요구 사항이 귀에 들어올 리 없습니다. 기본 실력이 없으면 좋은 개발자가 될 수 없습니다.

일정과 기술적인 한계에 봉착했다면 돌파하려는 태도를 갖춰야 합니다. C#, WPF, MVVM의 기능들을 활용하면 더 손쉽게 코딩할 수 있습니다. 이제는 C 언어 포인터에서 좌절해야 한다거나, 버튼에 그림을 하나 넣기 위해 VC++의 MFC와 같이 엄청난 코딩을 해야 하는 방식은 사라졌습니다. 마우스와 클릭만으로 코딩하는 노코드도 유행하고 있죠.

개발자는 최신 프로그래밍 기술을 익혀 개발 시간을 단축해야 합니다. 처음 익히는 몇 달 동안은 야근하거나 남아서 공부해야 할지 모릅니다. 새로운 언어를 영접하는 데에 부담 갖지 마시길 바랍니다. 생산성 있는 개발 툴을 사용하는 것도 중요합니다. 프로그래밍에 자신이 없으면 자꾸 거절하게 됩니다. 실력을 통해 사용자의 요구를 받아들이고, 맞는 방향으로 나아가야 합니다.

둘째, 개발자는 무조건 사용자를 먼저 생각해야 합니다. 종종 개발자의 얄팍한 편의성과 기술적인 자존심 때문에 괴물이 되어 버리는 소프트웨어가 있습니다. 소비자는 단순한 걸 원하는데, 개발자가 자기의 기술력을 자랑하고자 복잡하게 만든다면 그 소프트웨어는 실패작입니다.

사용자의 요구 사항을 듣기 위해서는 현장의 소리를 듣는 게 먼저입니다. 개발 일정이 빠듯하고, 속도를 내서 시장에 배포하는 일에 허우적대더라도 현장의 소리를 듣기 위해 노력해야 합니다. 현장의 소리는 개발자가 아닌 사람들에게 가볍게 물어보면 좋습니다. 뜻밖의 아이디어를 떠올리게 될지 모릅니다. 개발과 상관없는 모임에서 다양한 이야기를 들으면 자기 함정에 빠지지 않을 수 있습니다.

가끔 트렌드에 맞지 않는 기능을 요구하는 고객이 있을 때가 있습니다. 이왕 돈을 주고 개발하는 것이니 많은 요구 사항을 집어넣는 것입니다. 충분히 이해합니다. 그러나 이는 세 개만 넣어도 충분한 버튼을 열 개나 넣어 복잡한 프로그램을 만드는 일이므로 개발자의 자기 철학으로 조절할 수 있어야 합니다.

셋째, 인간을 직접적으로 연구하는 사람들의 요구 사항을 반영해야 합니다. 인문학자, 예술가, 심리학자들이 이에 해당합니다. 그들과의 협업이 기술과 인간을 융합하는 따뜻한 소프트웨어를 탄생시킵니다.

앞으로 이러한 융복합 학문 연구에 국가와 기업 그리고 뜻있는 사람들의 관심과 지원이 활성화될 것으로 보입니다. 코로나 팬데믹 종식 이후에도 언택트 사회에 대한 시대적 요구는 피할 수 없을 것입니다. 언택트 시대에는 격차 끝에 있는 사람들이 더 소외될 수밖에 없습니다. 이러한 격차를 줄일 수 있는 것이 따뜻함을 가진 소프트웨어입니다. 개발자는 인간을 사랑하는 철학자여야 합니다. 그래야만 세상을 따뜻하게 할 소프트웨어를 만들 수 있습니다.

소프트웨어는 단순해야 합니다. 기획도 단순하고 설계도 단순해야 합니다. 소스 코드와 사용자 인터페이스도 단순해야 합니다. 단순한 것이 가장 좋은 소프트웨어입니다. 소스 코드를 복잡하게 만드는 것은 자신을 감옥에 가두는 꼴입니다. 개발자에게 복잡함은 감옥이고, 단순함은 자유입니다.

버그는 보통 복잡성을 줄이지 못하거나, 코드를 이해하지 못한 채 코딩했을 때 발생합니다. 코드가 복잡하면 생산성이 떨어지고, 사용자의 불편함을 초래합니다. 그러므로 소프트웨어의 모든 것을 단순하게 만들려고늘 노력해야 합니다. 다른 개발자를 위해서라도 소스 코드는 단순하게 코딩해야 합니다. 다른 개발자를 배려하는 방법입니다. 엉망으로 만든 코드를 분석하는 데에 뇌의 에너지를 낭비하는 일이 없어야 할 것입니다. 저

같아도 코드를 복잡하게 짜는 사람과는 같이 일하고 싶지 않습니다. 범용성이 없는 암호 같은 코드는 망하기 마련입니다. 아슬아슬하게 곡예 하듯이 엉망으로 만든 코드는 개발자 본인이 평생 갖고 가야 합니다. 레거시 코드는 협업하는 과정에서 종종 코드의 가독성을 떨어뜨리고 이른바 '땜빵 코드'로 불리게 됩니다. 레거시 코드로 만들어진 소프트웨어가 설사 운이 좋게 시장에 출시했더라도 나중에 담당하는 개발자는 유지 보수나 추가 개발할 때 애를 먹게 됩니다.

개발자는 생산적인 코딩을 위해 복잡한 코드를 리팩토링해야 합니다. 변수 선언도 네이밍 규칙에 맞게 하면 가독성이 올라갑니다. 책도 술술 잘 읽히는 책이 있는 반면에 중언부언해서 무슨 말인지 헷갈리는 책도 많습니다. 소프트웨어 코드도 잘 읽히는 책처럼 쉽고 논리적으로 작성해야 합니다.

소프트웨어는 인간이 생산한 제품이고 오로지 인간에게 도움을 주려는 목적으로 만들어집니다. 그러므로 소프트웨어에서 가장 중요한 것은 '사람'입니다. 사용자가 편하게 이용하는 소프트웨어인 것도 중요하지만, 같이 일하는 개발자를 배려하는 것도 중요합니다. 다른 개발자를 위해 코드에 친절한 주석을 달아주면 좋습니다. 좋은 프로그램은 혁신이 아니라 꾸준한 실행에서 나옵니다. 훌륭한 프로그램은 사용자 명령을 정확하게 이해하고 사용자가 예상한 대로 동작하는 프로그램입니다.

코드 및 디자인 등에서 단순성을 추구하고, 설계 원칙을 따를 때 소프트웨어의 성공 확률은 99.9%입니다. 단순한 프로그램이 성공합니다. 사용자에게도 단순한 프로그램이 최고입니다. 엔지니어는 욕심이 많아 모든 기능을 다 넣고 싶어 합니다. 하지만 복잡한 프로그램은 사용자에게 머리를 아프게 하고 결국 더 멀리하게 됩니다. 고생해서 만든 코드가 시장에서 외면받고, 사장되는 일이 없게 해야 합니다.

PART 4

25년 청춘을 바쳐 개발자로 살았습니다

01

개발자는 노숙자가 아닙니다

개발자는 외적으로 깔끔해야 합니다. 안색이 좋고 육체가 건강해야 좋은 개발자가 될 수 있습니다.

제품 출시가 임박하면 수면이 부족해집니다. 외모 가꾸기를 소홀히 하여 수염은 덥수룩하고 지저분합니다. 그럴 수도 있습니다. 그러나 이도 습관이 되면 누추해집니다. 유행이 10년이나 지난 옷을 입고 다니거나, 겨울인데 여름 바지를 대충 입고 다니는 사람도 있습니다. 자율 복장이라도 품질이 떨어지는 옷을 입고 다니지 마세요. 잘 갖춰 입어 전문가라는 인상을 주기 위함입니다. 좋은 브랜드의 옷을 준비해 두면 회사에서 연단에 선다거나 외부 사람을 만날 일이 생길 때 요긴합니다. 단정하게 옷을 입으면 상대는 존중받는다고 느낍니다. 상대에게 노숙자인지 개발자인지 혼돈을 주는 일이 없어야 합니다. 개발자는 노숙자가 아닙니다.

예전에 이어령 교수님의 강의를 들은 적이 있습니다. 전업 작가를 위한 강의였는데, 대부분 형편이 어려워서인지 복색이 남루했습니다. 교수님께서 이를 보시고 얼마나 안타까워하셨는지 모릅니다. 옷이 남루하면, 안 좋은 일만 생기고 주변에 좋은 사람이 오지 않는 법입니다. 그러므로 개발자는 외모를 깔끔하게 다듬고, 자신만의 매력을 만들어야 합니다. 그중 옷은 나를 표현하는 방법이자 정체성을 표현하는 방식입니다.

저는 아침마다 '배색 사전'을 보고 옷을 고릅니다. 배색만 잘 되어도 최소한 패션 테러는 피할 수 있습니다. 저도 처음에는 미대생들이나 디자이너만 옷을 잘 입는 걸로 생각했습니다. 관찰해보니 색상의 조화를 잘 알기 때문이더군요. 얼굴의 톤과 어울리는 옷을 입는 것만으로도 절반은 성공입니다. 옷을 잘 입으면 자존감이 올라가고, 자신만의 아우라가 생기게 됩니다. 여기에 가벼운 미소까지 겸비하면 이보다 더 좋을 수는 없습니다. 한 가지 팁을 드리자면, 흰색은 모든 색상과 잘 어울리는 색입니다. 세탁의 두려움을 이기면 어느 옷에나 편하게 맞춰 입을 수 있습니다. 흰 티셔츠에 청바지만 입어도 멋스럽습니다. 나이 들수록 밝은색의 옷을 입는 게 좋습니다.

외모는 어느 시대에나 중요했습니다. 어떤 옷을 입느냐가 행동에 영향을 미칩니다. 뛰어난 지능과 훌륭한 코딩 기술만 있으면 좋은 개발자로 인정받을 것 같지만, 그렇지 않습니다. 아무리 일 잘하는 개발자라도 외모가 엉망이면 성장에 한계가 있습니다. 또 옷은 좋은데 헤어 스타일이 엉망이면 말짱 도루묵입니다. 장발이라면 잘 관리해서 멋스럽게 연출하고, 삭발이라면 도를 닦는 사람처럼 다니지 않아야 합니다. 그럴 자신이 없다면 미용실에 다니며 깔끔하게 하고 다니는 게 좋습니다. 손질하는 법을 배우는 것도 좋겠습니다. 까치집을 짓고 출근하지 마세요. 회의 중에 머리에서 냄새가 나면 아무리 일 잘하는 개발자라도 한계를 두게 됩니다.

위생 관리는 기본입니다. 깔끔한 이미지를 유지하기 위해 피부를 관리하기도 해야 합니다. 아무리 좋은 옷을 입어도 깔끔하지 못하다면 이로 인해 반감이 되기 마련입니다. 기회는 자신을 가꾸고 좋은 인상을 주는 사람에게 가기 마련입니다. 책상을 정돈하는 것도 잊지 않아야 합니다. 자기 관리를 잘하는 개발자가 되어야 합니다.

제가 본 최고의 개발자는 업무도 잘하고, 개발도 잘하고, 말하는 능력도 좋고, 외모도 깔끔한 개발자였습니다. 계속 이야기하고 싶은 개발자입니다. 제가 본 최악의 개발자는 일과 상관없이 몰골이 깔끔하지 않아 자기 관리를 하지 않는 개발자였습니다.

02

백발의 시니어 개발자

여의도에 벚꽃이 피었습니다. 춘천은 아직인데 한 시간 거리인 서울은 벌써 하얀 벚꽃이 피기 시작합니다. 노란 개나리꽃도 피고, 분홍 진달래꽃도 피었습니다. 봄비가 내립니다. 봄비가 내린 후 워커힐 호텔의 벚꽃길에 가보니 벚꽃의 봉오리들이 터지기 직전입니다. 워커힐 호텔 앞의 벚나무들은 상당히 오래되어 보였습니다. 거의 고목인 것도 있었습니다. 고목에서 피는 벚꽃이 더 매력적입니다. 몸에 이끼가 끼어 세월의 흔적이 묻어 있고, 태풍에 잘려나간 가지도 있는 고목에서 피어나는 꽃을 보면 생명의 신비를 느낍니다. 노쇠하였음에도 아름다운 벚꽃을 피운 고목처럼 품격과 기품 있게 나이를 먹고 싶습니다. 인생의 풍파를 통과하며 조금 더 부드럽고 품격 있는 삶을 살아야겠습니다.

2005년도에 피처폰 개발을 위해 캐나다의 벨 통신사에 방문한 적이 있습니다. 그곳에서 저는 머리가 희끗희끗한 50대 이상의 엔지니어를 많이 만났습니다. 우리나라였다면 관리직에 있거나 이미 은퇴해서 자영업을 했을 나이지만, 그곳의 시니어 개발자들은 여전히 열정적으로 일하고 있었습니다. 폭넓은 경험에서 나오는 요구 사항도 전문적이고 구체적이었습니다. 이동통신 시스템에서 단말기 쪽에서 해야 할 일에 대해 명확한 요구사항을 정의해 주었습니다.

외국에서 시니어 개발자를 볼 때마다 신기합니다. 이분들은 현업에서 왕성하게 실무자로 일하고 있는 진짜 엔지니어들입니다. 그들의 이야기를 들을 때마다 참 부럽습니다. 한국에서는 50세를 넘긴 개발자를 만나기 힘듭니다. 저는 운 좋게도 현업에서 개발자로 일하고 있으니 감사할 따름이지요.

우리나라에서는 5~10년 정도 개발직에 있다가 관리직으로 이동하며 개발에서 손을 떼는 게 보통입니다. 관리직에 있으면서 코딩을 한다는 것은 쉽지 않습니다. 관리와 개발 두 가지를 다 욕심냈다가 엉망이 되기 십상입니다. 천재적인 개발자도 하지 못할 일입니다. 그래서 대부분 개발자는 경력이 쌓이면 자연스럽게 관리 업무를 겸하다가 아예 관리직으로 전환합니다.

관리직에 있으면 경제적 대우가 좋아지고 진급이 빠릅니다. 사실 어린 관리자에게 관리를 받는 것도 유쾌한 일은 아니니 자연스러운 흐름이기도 합니다. 개발을 좋아해 나이 들어서도 개발자로 남으려는 사람에 대한 편견도 있습니다. 관리 능력, 커뮤니케이션 능력이 떨어지는 괴짜로 보이거나, 성격에 문제가 있는 사람처럼 여겨지는 것입니다. 그러나 개인적으로는 시니어가 계속 개발자로 살 수 있는 길도 잘 닦였으면 좋겠습니다. 나이가 들어 어쩔 수 없이 관리자로 전환했다가 은퇴 후 치킨집을 차려야 한다면 슬픈 일입니다.

시니어 개발자의 장점은 매우 많습니다. 그들은 풍부한 경험으로 안정적인 소프트웨어를 만듭니다. 시니어가 가진 자료는 살아 움직이는, 그야말로 생명력 있는 자료입니다. 그들은 이런 자신만의 자료를 응용해 기능을 쉽게 구현합니다. 기존 지식과 새로운 기술들을 융합해 신제품을 만드는 데도 유리합니다. 우리나라에서 50대를 훌쩍 넘겨 코딩하는 분이 계신다면 진심으로 응원하고 싶습니다. 회사에서는 시니어 개발자가 정년까지 일할 수 있도록 보장해야 합니다. 물론, 동시에 개발자 자신의 노력이 필요합니다. 시니어 개발자가 지켜야 할 것들은 다음과 같습니다.

첫째, 건강을 챙겨야 합니다. 건강해야 사고력과 논리력을 유지할 수 있습니다. 마음 편하게 일하고 스트레스를 해소할 수 있는 자기만의 방법을 갖고 있어야 합니다. 취미 생활을 만들고, 영양소가 풍부한 좋은 음식을 먹으며 건강을 유지해야 할 것입니다.

둘째, 매일 새로운 기술을 접해야 합니다. 안드로이드는 자바 코드로만 개발했지만, 지금은 코틀린 코드로도 개발합니다. 10년 전에 사용했던 기술에 머물면 도태합니다. 인터넷 뉴스를 통해 기술 동향을 알고 새로운 용어를 익혀야 합니다.

셋째, 모르는 것은 물어보고 아는 것은 공유해야 합니다. 모르는 건 창피한 게 아닙니다. 초임 개발자에게도 배울 것이 있습니다. 항상 겸손한 자세로 배워야 합니다. 고급 정보라면 아낌없이 나누기실 바랍니다. 노트북을 무덤까지 들고 갈 거라면 공유하지 않아도 됩니다. 그게 아니라면 알고 있는 모든 것을 쏟아내 공유하세요. 그래야 나와 내 주위 사람들의 실력이 오르고 팀워크가 형성됩니다. 내가 가진 모든 기술을 공유하는 것이 시니어 개발자의 할 일이고 마지막 사명입니다. 기술의 민낯까지 공개하는 것이 개발자의 길입니다.

넷째, 손에서 코딩을 놓지 말아야 합니다. 어떤 상황에도 코딩은 붙들고 가세요. 한번 놓으면 다시 손에 익히는 데까지 얼마나 걸릴지 모르는 게 코딩입니다. 영원히 코딩의 세계로 돌아오지 못할 수도 있습니다. 코딩 기술은 사용하지 않으면 금방 녹습니다.

시니어 개발자에게는 품질에 대한 확고한 기준이 있습니다. 그러므로 기업은 노련하고 경험이 풍부한 시니어 개발자를 계속 일할 수 있도록 해야 할 것입니다. 시니어 개발자를 활용하지 못하는 것은 국가적 손실입니다. 그들의 실력이 녹슬지 않도록 만드는 분위기도 중요합니다. 안정적인 근무 조건에서 일할 때 시니어 개발자들의 경쟁력이 좋아질 것입니다.

사무실에서 백발이 무성한 개발자들이 코딩하는 모습을 보고 싶습니다. 할아버지, 할머니 개발자를 흔히 보는 시기가 된다면 소프트웨어 개발자들이 이미 행복하게 일하는 세상일 것입니다.

김훈 작가는 저서 『자전거 여행』에서 나이테에 관해 이렇게 이야기했습니다. "동심원의 중심부는 물기가 닿지 않아 무기물로 변해있고 이 중심부는 나무가 사는 일에 간여하지 않는다. 이 중심부는 무위와 적막의 나라인데 이 무위의 중심이 나무의 전 존재를 하늘을 향한 수직으로 버티어 준다. 존재 전체가 수직으로 서지 못하면 나무는 죽는다. 무위는 존재의 뼈대이다. 나무껍질은 나무가 겪어내는 고난의 무늬이다". 나무의 늙음은 낡음이나 쇠퇴가 아니라 완성입니다. 마찬가지로 시니어 개발자도 개발업체에서 중심이 되어 거목이 되어야 합니다. 나이테처럼 생명은 서서히 사라져 가지만 소프트웨어 업계를 지키는 든든한 기둥이 되어야 합니다.

뜨거운 여름과 추운 겨울을 견딘 나무일수록 테가 뚜렷합니다. 이 나이테를 한자로 '연륜(年輪)'이라고 합니다. 나이테는 혹한의 겨울을 보낸 후 비로소 얻게 되는 나무의 훈장입니다. '연륜이 묻어난다'라는 말은 그 일을 오래 해온 장인이나 예술가, 직업인에게 쓰는 말입니다. 연륜이란 그들이 겪어온 성장과 고난의 세월이 나무의 나이테처럼 둥글어져 모나지 않은 상태입니다.

시니어 개발자는 어떤 프로젝트든 한 사이클을 모두 돌아본 사람입니다. 어디에 문제가 있는지 예측할 수 있어 다음 프로젝트도 성공적으로 끌어낼 힘이 있는 사람입니다. 시니어 개발자는 다른 사람에게는 보이지 않는 사각지대를 보고, 들리지 않는 것을 듣고, 보이지 않는 '행간'을 보는 사람입니다.

03

버그를 만드는 것은 죄악입니다

우리는 문제와 함께 살아갑니다. 문제에 직면하면 시간이 멈춰 버린 것 같고, 내 모습은 초라해 보입니다. 문제는 정신을 갉아먹고 개발자의 품격을 떨어트립니다. 문제라는 수렁 속에서 허우적거리다 보면 에너지는 바닥이 나고, 앞으로 한 발짝도 나아가지 못합니다. 문제가 모이면 인생의 경험이 되고 추억이 된다지만, 솔직히 문제가 없으면 좋겠습니다. 문제없는 곳에서 살고 싶습니다.

언덕에 앉아서 눈에 힘을 풀고 먼 산을 멍하니 바라보고 싶습니다. 귀로는 솔바람 소리를 들으며 아무 생각 없이 앉아 있고 싶습니다. 모닥불을 바라보며 머릿속으로 상상의 날개를 펴는 것도 좋을 것입니다. 이렇게 멍을 때리면서 문제에서 벗어나 창의적인 생각의 바다로 빠져들고 싶습니다. 멍을 때리면 머리가 맑아지고 다시 내 몸이 살아나는 화학작용이 일어나듯이 다시 생기를 얻게 됩니다.

문제는 벌레가 사과를 갉아 먹듯이 마음을 갉아먹습니다. 문제에 빠지면 엉킨 실타래처럼 한 발짝도 앞으로 나아가지 못합니다. 전진해야 하는데 그냥 그 자리에 머무르다 결국 썩게 됩니다. 문제를 예방할 수 있으면 좋겠지만, 인생에는 변수가 너무나 많습니다. 그렇다면 문제에서 빨리 헤쳐 나오는 능력을 얻는 것도 괜찮아 보입니다. 소프트웨어를 개발하다 보면 버그가 많이 발생합니다. 버그 때문에 며칠 동안 길을 잃기도 하고 그로 인한 스트레스 때문에 심장 박동수가 빨라지기도 합니다.

버그는 스트레스의 원천입니다. 버그 때문에 시장에서 외면당하고, 퇴출당하고, 사용자에게 반감을 삽니다. 지금도 수많은 개발자가 버그와 한바탕 전쟁을 치르고 있을 것입니다.

출시한 소프트웨어에서 버그가 발견된다면 그건 죄를 지은 것입니다. 물론 버그가 생겼다고 감옥에 가는 건 아닙니다. 그러나 좋은 개발자라면 절대 문제를 만들지 않겠다는 마음으로 개발에 임해야 합니다. 그런 마음으로 코딩해야 비로소 좋은 소프트웨어를 만들 수 있습니다.

소프트웨어는 인간이 사용하는 도구입니다. 그러므로 가장 인간적으로 생각하고, 사용자 입장에 한 발짝 다가서려고 노력해야 하며, 버그는 최소화해야 합니다. 단위 테스트나 코드 점검을 하며 매번 문제가 없는지 살펴야 합니다. 검증 적용 범위는 수정한 소프트웨어뿐 아니라, 검증 후 서버 소스 관리 시스템에까지 확장해야 합니다. 소프트웨어는 복잡합니다. 다른 부분과 연관성이 많으므로 수정한 부분과 주변 기능까지 모두 검증해야 안전합니다.

버그를 만드는 것도 습관입니다. 일정과 정확도를 조율하며 코드에 문제가 없는지 늘 살펴야 할 것입니다. 특히 검증하는 사람들과의 합은 버그를 줄이는 데 효과적입니다. 검사자에게 검증을 맡길 때, 추가 기능을 잘 설명하세요. 어느 기능이 추가되었고 무엇에 영향을 줄지는 개발자가 가장 많이 알고 있습니다. 또한, 개발자는 수정 내용과 인터페이스 부분을 검사자와 함께 검증해야 합니다. 때때로 사소한 버그인데도 전면 수정이 불가피한 경우가 있습니다. 이럴 때는 정확도를 선택할지, 출시 일정을 선택할지 결정해야 합니다. 버그가 사용자에게 치명적인 불편을 준다면 그것은 반드시 고치고 나가는 것이 맞습니다.

저는 현재 혈액이나 검체를 통해 사람의 질병 유무를 판단하는 소프트웨어를 만들고 있습니다. 항원과 항체의 면역 반응을 통해 검사자에게 특정한 질병이 있는지를 판단해주는 것입니다. 코로나바이러스 감염 여부를 진단하기 위한 항원과 항체 진단 키트도 만듭니다. 검사 대상자의 코에서 검체를 채취한 후 카트리지에 적하 후 12분간 면역 반응을 확인합니다. 그 후 카트리지를 의료진단기기로 읽어 코로나 감염 여부를 판단합니다.

이 진단 키트는 코로나 팬데믹 시기에 아프리카 콩고에 판매되었습니다. 처음에는 이 코로나 진단 소프트웨어도 그저 일상적으로 하는 코딩 업무의 일부라고 생각했습니다. 그러나 콩고에서 제가 만든 진단 키트로 검사하는 동영상을 보고는 생각이 달라졌습니다. 코에서 검체를 채취해 12분간 기기만 바라보며 코로나가 아니기를 간절히 바라는 모습, 음성 결과를 보고 환호하고 기쁨의 눈물을 흘리는 모습을 보며 직업적 사명감을 느겼습니다. 소프트웨어를 개발하고 검증하며 수없이 보았던 'Positive'와 'Negative' 8개 문자가 누군가에게 큰 영향을 준다는 것에 꽤 충격을 받기도 했습니다. 만약 제가 만든 소프트웨어에 오류가 발생하여 잘못된 결과가 나온다면 타인의 인생에 심각한 영향을 미치게 될 것입니다.

반드시 품질이 좋은 소프트웨어를 만들겠다고 다짐합니다. 제가 만든 자료를 토대로 열심히 설명하고 교육하는 콩고인들을 보면서 다시 한번 개발자로서의 사명감을 마음속에 되새겨봅니다. 제가 만든 제품은 우리나라에서는 너무나 일상적인 제품입니다. 그러나 지구 반대편에서는 귀한 제품입니다. 오류 없는 소프트웨어로 최고의 제품을 만들고 싶습니다.

소프트웨어 엔지니어는 소스 코드 한 줄을 코딩할 때도 사명감이 있어야 합니다. 버그는 사용자를 불편하게 하고, 사용자의 인생을 좌지우지하기도 합니다. 만약 버그로 인해 사용자에게 불편함과 악영향을 준다면 죄를 짓는 일일 것입니다.

개발자에게도 돈은 소중합니다. 우리는 모두 돈 앞에 솔직해져야 합니다. 돈이 좋으면서 괜히 싫어하는 척할 필요는 없습니다. 자신의 가치를 평가해주는 것은 돈입니다. 내가 땀을 흘려 이뤄낸 결과물도 결국 돈으로 평가받습니다. 그러므로 어떻게 해서 돈을 벌지 궁리하고, 경제 정보를 얻기 위해 힘써야 합니다.

현실적으로 개발은 정신노동이고, 코딩은 집중해야 하는 작업이기에 개발자들은 금융에 신경 쓸 시간과 여력이 충분치 않습니다. 정시 퇴근만 보장된다면 주식, 비트코인, 부동산 공부도 할 텐데 대부분 그러하지 못합니다. 요즘처럼 경제가 요동칠 때 경제에 대해 소홀히 하면 빈곤층으로 전락하게 됩니다.

경제적으로 안정적이어야 회사에서도 당당할 수 있습니다. 경제적으로 안정적이어야 업무 성과도 이룰 수 있습니다. 결국, 개발자도 경제에 관심이 있어야 프로그램의 생산성을 높일 수 있습니다. 내일 빠져나갈 카드값을 걱정하면 코드가 눈에 들어오지 않습니다. 사막 위에 텐트를 치고 사는 난민처럼 살아야 할 판이면 좋은 코딩이 나올 리 없습니다.

특히 나이가 들수록 돈은 더 중요해집니다. 할머니들이 파마하는 모습을 지켜본 적이 있습니다. 마을회관에 모인 할머니들의 헤어스타일은 다 똑같습니다. 한번 파마하면 6개월은 버텨야 하기에 스타일이고 뭐고 간에 파마를 세게 합니다. 나이가 들면 할아버지 외모는 할머니보다 더 심각합니다. 어찌 되었든 할머니도 할아버지도 멋지게 살고 싶은 마음은 인지상정입니다. 그러나 쓸 돈이 많지 않으니 어쩔 수 없습니다.

적어도 노년에는 가처분 소득이 있어서, 멋도 부리고 여행도 다니며 살고 싶습니다. 적어도 지인과 만나서 밥값 정도는 낼 수 있는 경제적인 여유가 있어야 합니다.

부자들은 꿈꾸고 상상한 것을 돈으로 만들기 위해 끊임없이 노력한 사람들입니다. 성공한 사람들은 자기만의 철학이 확실하며, 그것을 바탕으로 돈을 획득합니다.

일에 미쳐서 돈을 벌고 모으는 일에 소홀한 직장인이 많습니다. 직장에서는 일하느라 정신이 없고, 퇴근해서는 집안일 하느라 정신이 없습니다. 돈에 대해 생각하고 배울 시간이 없습니다. 그러나 우리는 돈과 떨어져 살 수 없습니다. 인간의 자존심은 실력에서도 나오지만, 은행 잔고에서도 나옵니다. 돈이 있으면 자존감이 높아지고 선순환의 실마리가 됩니다. 마이너스 인생으로 살지 플러스 인생을 살지 그것은 본인의 노력 여하에 달려 있습니다.

돈 벌기는 쉽지 않습니다. 우리나라에서 돈을 획기적으로 벌려면 부동산 투자밖에 없는 것 같습니다. 이런 방법이 아니라면, 어떻게 해야 돈을 벌 수 있을까요? 좋아하는 일을 하는 것입니다. 그런데 좋아하는 일도 하다 보면 질립니다. 중요한 건 포기하지 않고 유지하는 힘입니다. 절반이나 왔는데 포기하지 마세요. 좋아하는 일을 유지하다 보면 기회는 오기 마련입니다. 늘 준비하고 깨어 있어야 합니다. 개발자에게는 내 분야에서 최고가 되어, 최고의 가치를 만들어 내는 게 돈을 잘 버는 길이라고 생각합니다.

부자를 가까이하는 노력도 필요합니다. 자수성가한 사람들을 만나세요. 그들에게는 돈에 대한 확고한 철학이 있어 배울 것이 많습니다. 의류업에 종사하는 80대의 여성 사업가를 만난 적이 있습니다. 그분은 자신에게 투자하라며 자꾸 투자자를 설득했습니다. 속으로 '내일이라도 천국에 가실 분이 무슨 욕심이 저리 많을까. 노욕이 많으시다'라고 생각했습니다. 그러나 지금은 아닙니다. 그 나이에도 돈을 버는 꿈을 꾸는 자세를 본받아야 한다고 생각합니다.

어떻게 해야 돈을 벌고, 무엇을 해야 돈이 되는지 꿈꾸고 비즈니스 인사이트를 갖춘 사람과 어울려야 나도 미래를 꿈꾸며 발전할 수 있습니다.

돈은 가치의 척도입니다. 회사 역시 직원의 가치를 돈으로 증명합니다. 제품도 가치가 높을수록 가격이 오릅니다. 돈을 잘 버는 사람이 되려면 자신의 가치를 높여야 할 것입니다. 남들보다 한 번 더 깊이 생각하고 파고들어서 차별화되어야 합니다. 자기가 좋아하는 일을 하되 차별화된 강점을 가질 때 가치가 만들어지고, 그것이 곧 돈이 됩니다. 늘 같은 자리에 안주하거나, 흥청망청 살지 않아야 합니다. 자기만의 철학과 신념을 돈으로 바꾸어야 합니다. 이메일에 첨부하는 문서 하나를 만들더라도 차별화가 필요합니다. 조그마한 노력이 모여 다름이 만들어지고, 자기만의 철학이 만들어집니다. 돈은 때때로 꽃보다 아름답습니다.

04

숲의 포용력과 다양한 개발자

입추가 지나니 거짓말처럼 날씨가 선선합니다. 창문을 열고 자면 새벽녘 얇은 이불을 덮게 됩니다. 오늘 아침에도 어김없이 뜨거운 여름을 이겨낸 숲을 향해 산책을 나섭니다. 숲 산책은 일상을 살기 위한 저의 중요한 루틴 중 하나입니다.

낮이지만 날씨가 선선해 숲을 거닐기 좋습니다. 오늘은 숲과 더 접촉하기 위해서 맨발로 걸어봅니다. 숲과 제 몸은 아날로그 방식으로 연결되어 하나가 됩니다. 맨발로 숲의 감촉을 느끼며 숲의 포용력에 관해 생각해봅니다. 숲은 인간을 포용하고, 나무를 포용하고, 동물들을 포용합니다. 매미들은 늦여름까지 자기 존재감을 드러내기 위해 목청껏 울어댑니다. 얼마 후면 저 소리를 들을 수 없는 완연한 가을이 올 것입니다.

숲에는 다양한 생명이 살아갑니다. 이 중에는 유익한 생명도 있고, 그렇지 않은 생명도 있습니다. 숲은 자신을 헤치는 인간까지도 포용합니다.

때로는 버리고 싶고, 때로는 헤치고 싶을 텐데도 꿋꿋이 버티는 숲이 사뭇 대단하게 느껴집니다. 또, 모기는 대상을 가리지 않고 시도 때도 없이 달려들어 공격합니다. 발바닥 같은 약점을 파고들어 괴롭히기도 합니다. 그리고 이 모든 걸 품는 숲처럼, 개발자 생태계도 다양한 유형의 개발자를 품습니다.

주변을 보면 모기 같은 유형의 사람이 있습니다. 개발에 도움도 주지 못하면서 언제 마무리되느냐고 닦달하는 사람입니다. 이런 사람은 푸닥거리하듯 난리를 치고 가 버립니다. 개발자만 홀로 남아 모든 것을 감내할 뿐이죠. 이런 사람은 개발에 전혀 도움을 주지 못하는 유형으로, 거리 두기가 필요한 사람입니다.

숲길을 걷다가 고개를 들면 아슬아슬한 경계로 이루어진 나뭇잎 사이로 하늘이 보입니다. 소나무와 녹나무 같은 큰 나무들은 서로 닿지 않게 자라려는 특성이 있습니다. 이를 '수관 기피'라고 하는데, 일종의 나무들끼리의 사회적 거리 두기입니다. 식물학자들은 수관 기피를 공간이 겹치지 않게 확보해, 뿌리 끝까지 햇빛을 받아 동반 성장하기 위한 식물들의 생존 전략이라고 설명합니다. 함께 성장하기 위해서는 인간관계에도 건강한 틈새가 필요합니다. 바람이 많이 부는 제주의 돌담이 무너지지 않는 이유는 돌과 돌 사이에 틈새가 있기 때문입니다. 그 틈새로 바람이 빠져나가 돌담이 무너지지 않는 것입니다. 품격이 없는 인간과는 건강한 틈새를 둬야 합니다. 그래야 조직과 개인이 무너지지 않습니다. 건강한 틈새가 없으면 스트레스에 시달려 피폐해집니다.

숲속 개미는 성실함의 대명사입니다. 그러나 마냥 성실하기만 한 '성실형 개발자'는 별로입니다. 발전이 없어 보이는데 계속 일만 하는 개발자는 맺는 열매도 크지 않습니다. 가능하면 성실형 개발자보다는 열매를 많이 맺는 개발자가 되어야 합니다. 열심히 하는 것도 좋지만, 지혜롭게 일해야 열매를 많이 맺고 결과도 빠릅니다. 물론, 성실한 개미형 개발자는 자신이 맡은 프로젝트에 한해서는 꼼꼼하게 코딩해 안정적인 기반을 마련하므로 버그가 덜 발생하는 편입니다. 하지만 유감스럽게도 거기까지입니다.

숲을 산책하는데 바로 눈앞에서 노루 한 마리가 천방지축으로 뛰어갑니다. 그야말로 어디로 튈지 모릅니다. 소프트웨어 개발은 기본적으로 조용할 때 생산성이 올라가는데 이런 변화무쌍한 '천방지축형 개발자'는 산만하여 집중을 방해합니다. 개발 방향이 확고히 정해졌는데도, 자기 철학이 없어 프로젝트가 좌충우돌합니다. 즉흥적인 결정을 반복해 개발 방향에 혼란을 줄 때도 있습니다. 다시 한번 말하지만, 개발 업무 공간은 조용해야 생산성이 향상됩니다. 온종일 입으로만 떠들다가 퇴근 시간이 되면 바로 퇴근하는 그 사람의 역할이 무엇인지 의심스럽습니다.

'밤샘형 개발자'는 어차피 야근해야 한다는 생각으로 정작 근무 시간에는 느슨하게 일하고 딴짓합니다. 이들은 저녁을 먹은 후부터 본격적으로 일하기 시작합니다. 그렇게 밤샘하고 오전에는 또다시 멍한 상태로 있습니다. 오히려 생산성이 떨어지는 형태입니다. 이런 사람은 프로젝트에 도움이 되지 않고 동료 개발자의 사생활에까지 악영향을 끼칩니다. 야근 문화가 사라지는 추세라 이전보다 많지는 않지만, 근무 시간에 근무하고 정시에 퇴근하는 습관을 들여야 합니다.

숲에서 벌은 항상 조심해야 합니다. 언제 쏘일지 모르기 때문입니다. 이런 '공격형 개발자' 역시 조심해야 합니다. 잘 대해주다가 뒤에서 뒤통수를 칠지 모르니 항상 경계해야 합니다. 이들은 평상시에는 아무렇지 않은 것 같다가 어느 때가 되면 말벌처럼 쏘아 목숨까지 위태롭게 하는 유형입니다. 이런 사람을 상대할 때는 항상 대비해야 하기에 에너지가 많이 소비됩니다. 매우 피곤한 유형입니다.

소나무는 생명력이 있고, 인간에게 좋은 에너지를 주며 시원한 그늘을 만들어줍니다. 이런 소나무 같은 '독야청정형 개발자'는 고고한 인격을 가진 합리적 개발자입니다. 소나무 같은 개발자가 많은 조직은 팀워크가 좋고, 생산성이 오르며, 개인에게도 보람을 느끼게 합니다. 제품 또한 품질이 우수합니다.

소나무가 홀로 기개 있는 이유는 주변에 다른 나무의 성장을 방해하는 갈로타닌을 분비하기 때문입니다. '거목 밑에 잔솔 못 자란다'라는 말이 이를 뜻합니다. 소나무 같은 독야청정형 개발자는 이처럼 자신을 보호하는 기술을 갖고 절개를 지키며 자신만의 코딩을 굳건히 해 나갑니다. 개발자는 모두 자신의 이익을 위해 달릴 때 독야청청할 수 있어야 하고, 다소 프로젝트가 자신의 이익에 반하더라도 공동체에 도움이 된다면 함께할 수 있어야 합니다.

침엽수인 소나무는 홀로 고고하지만, 활엽수인 참나무는 잎을 떨궈 땅을 비옥하게 합니다. 이런 참나무 같은 '희생형 개발자'는 타인의 코드를 봐주거나 조언을 아끼지 않습니다. 주눅 들어 있는 개발자에게 용기와 자신감을 북돋아주며, 자기 코딩 지식을 공유하고 전파하는 데 거리낌이 없습니다. 개발자들에게 등대 같은 길잡이가 되어주는 유형입니다. 사실 모든 개발자가 추구해야 할 개발자 유형은 이런 자기 희생형 개발자입니다. 방향을 잡아 주는 사람을 만나는 것은 복된 일입니다. 좋은 개발자를 만나고 결국 남에게 선한 영향을 주는 개발자가 되면 좋겠습니다.

칡넝쿨 같은 '갈등 조장형 개발자'도 있습니다. 갈등을 부추기며 문제의 실타래를 꼬이게 만드는 유형입니다. 갈등(葛藤)이란 왼쪽으로 꼬아 자라는 칡과 오른쪽으로 꼬아 자라는 등나무가 서로 얽히는 데서 나온 단어입니다. 갈등이 꼭 나쁜 것은 아닙니다. 갈등을 풀기 위한 각고의 노력이 종종 발전의 토대가 되기 때문입니다. 더구나 개발 과정에 갈등이 없을 수는 없습니다. 다만, 상대를 인정하지 않고 궤멸을 바라는 건 건강한 개발 문화가 아닐 것입니다. 과도한 갈등과 증오는 서로에게 올가미가 되어 성장을 저해합니다.

정상적으로 돌아가던 프로그램도 갈등 조장형 개발자가 코드를 추가하면 에러가 발생합니다. 컴파일도 안 해보고 Git에 소스 코드를 올려서 함께 일하는 사람의 업무까지 방해합니다. 성장을 위한 과정이면 어쩔 수 없지만, 반복된다면 이미지 추락은 불가피합니다. 자신이 만든 코드에 꼭 검증하는 시간을 넣어야 할 유형입니다.

한동안 소나무를 말려 죽이는 소나무재선충이 전국적으로 확산했습니다. 0.6~1mm 크기의 머리카락 모양인 소나무재선충은 소나무의 수분 이동 통로를 막아 고사시키므로 소나무 바이러스라고도 불립니다. 이런 해충과 같은 '무임승차형 개발자'는 최악입니다. 코드 한 줄도 짜지 않고 모든 일을 자기가 한 것처럼 포장하기 때문입니다. 남의 업무 성과를 가로채는 악한 사람이죠. 책으로 치면 출처를 표기하지 않고 복제해 전부 자기가 쓴 양 속이는 사람일 것입니다. 이런 유형을 만나면 스트레스로 정신이 피폐해져 건강을 잃게 됩니다. 무임승차하는 개발자와는 결코 함께 일할 수 없습니다.

05

공유의 힘

숲은 상생의 공간입니다. 서로 도와가며 싹을 틔우고, 꽃을 피워 풍성하게 합니다. 숲의 나무는 땅과 함께 존재합니다. 나무는 땅을 딛고 그 속에 자신의 의미를 부여해 비로소 설 수 있습니다. 수많은 지렁이와 곰팡이와 미생물이 나무의 뿌리에 붙어 서로 도우며 살아갑니다. 또 나무는 거목이 되어 울창한 숲이 됩니다. 숲에 홀로 사는 나무는 없습니다.

숲은 지구의 숨통이 되어 인간에게 신선한 공기를 제공합니다. 숲이 있기에 인간이 있음을 깨닫습니다. 태곳적의 나무들은 원시의 빛을 머금어 자신의 몸속에 탄소를 저장해 땅속에 묻어 두었습니다. 그리고 인간은 땅속에서 이 원시의 빛을 꺼내어 자동차의 원료로 사용하고, 수많은 석유 제품을 만듭니다. 숲은 인간에게 자신의 모든 것을 내어줍니다.

지식은 나눌 때 더 가치 있으며, 지식의 공유는 개발자의 삶에 무척 중요합니다. 잡초도 집에 들여 잘 가꾸면 화초가 되듯이, 무의미한 지식도 나누면 보석이 됩니다.

소프트웨어 개발자는 더욱 지식을 공유해야 합니다. 지식을 나눈다는 게 자기 재산을 나누는 것처럼 느껴지기도 할 것입니다. 이걸 다 주고 나면 나는 이곳에서 가치 없는 존재가 되는 건 아닌지 두려울 수도 있습니다. 하지만 신기하게도 지식은 나눌 때 더 가치가 높아집니다. 지식은 확장되는 성질이 있기 때문입니다.

지식을 공유할 때는 습득한 지식을 완전히 내 것으로 만들어 다듬은 뒤에 나누시길 바랍니다. 다듬는다는 것은 나의 언어로, 쉽게 만드는 과정입니다. 그래야 지식이 왜곡 없이, 온전히 전달되어 확장할 수 있습니다. 또한, 몸이 아프거나 정말 시간이 없어 지식을 습득하지 못한 사람들에게 지식을 전달하는 일은 그 자체로 보람된 일입니다.

회사에서 가장 일을 잘하는 사람은 자신의 공백이 느껴지지 않게 하는 사람입니다. 평소 주위 사람들에게 업무를 공유해 두었기 때문에 가능한 일입니다.

지식을 나누는 일은 행동으로 이루어져야 합니다. 소스를 깃허브에 올려 전 세계의 개발자들한테 피드백을 받거나, 블로그에 올려 방문자에게 피드백 받는 것도 좋습니다. 피드백을 통해 그 지식은 더욱더 객관화되어 품격이 있게 됩니다.

사소한 지식도 문제에 가로막혀 애먹고 있는 개발자에게는 가뭄의 단비 같은 존재입니다. 덕분에 며칠간 골머리 썩던 문제를 해결하고 오랜만에 일찍 퇴근하게 될지 모르지요.

요즘은 지식의 홍수 시대입니다. 홍수 속에는 먹을 물이 없듯이, 지식의 홍수 속에도 쓸모없는 지식이 많습니다. 이런 상황에 내가 공유한 지식이 쓸모 있으려면 지식을 잘 다듬어 깔끔하게 표현하여 전달해야 합니다. 최대한 단순하고 쉽게 설명해야 할 것입니다. 어떻게 지식을 나누어야 좋을지를 고민해 좋은 언어로 내놓는 것도 능력입니다.

많은 사람이 컴퓨터의 하드디스크나 클라우드에 정보를 쌓아 두고 있습니다. 이 소중한 자료들은 밤새거나 번아웃되어 가며 소중하게 만든 것들일 것입니다. 너무 소중해 나만 소유하고 싶은 정보들이죠. 그러나 이 소중한 데이터들도 세월이 흐르면 무용지물이 됩니다. 그러므로 정보는 적절한 시기에 공유되어야 합니다. 공유는 남에게 유익을 주고 나를 살리는 길입니다. 데이터들을 공유하고 나면 가진 것을 다 빼앗겨 모두 다 털릴 것 같지만 다시 창의적이고 융합적인 것들로 채워집니다.

만약 문제가 발생해 다들 야근하며 고생하고 있는데, 해당 문제를 해결해 본 개발자가 모른 체하고 있다면? 이 개발자는 경고 대상입니다. 개발자는 반드시 개발 관련 내용을 충분하게 기록하고 공유해야 합니다. 부지런 떨어야 하므로 어려운 일입니다. 그래도 공유해야 합니다. 그래야 원석이 보석이 됩니다.

자료를 모은 노트북을 무덤까지 가지고 갈 건가요? 무덤 속에는 전원 플러그도 없고, 배터리도 없습니다. 무덤까지 문서, 소스, 수많은 고급 정보를 갖고 갈 게 아니라면 공유해야 합니다.

마이크로소프트가 깃허브를 인수한 것을 보면 앞으로 공유의 가치가 더 확대될 것을 예상할 수 있습니다. 깃허브는 원래 CEO가 없다시피 한 회사였지만, 마이크로소프트가 인수하며 오픈 소스 커뮤니티를 확대했습니다. 그래서 지금도 많은 개발자가 그곳의 우수한 오픈 소스를 사용하고 공유하죠. 관건은 이 소스들로 어떤 창의적인 작품을 만들어 낼 것인가입니다. 아마 공유된 지식으로 인간에게 도움이 되고, 가장 창의적이며 상상력 있는 작품을 만드는 사람이 가장 가치 있는 사람이 될 것입니다.

간혹 회사의 보안이 성장의 걸림돌이 되는 경우도 있습니다. 보안은 중요합니다. 그러나 보안이라는 이름으로 제품 홍보의 기회를 빼앗기고, 소비자의 알 권리를 제공하지 못한다면 손해입니다. 시장이 요구하는 시간에 제품을 출시하지 못해서 절호의 기회를 놓치는 때도 있습니다. 보안보다 중요한 게 타이밍입니다. 적절한 시기에 공개할 것을 공유할 때 융합의 역사가 일어납니다.

공유하기 위해서는 메모하는 습관이 중요합니다. 적어서 문서로 남겨놓아야 오래 생존할 수 있습니다. 문서를 만들 때는 이슈별로 정리하면 좋습니다.

시간은 어차피 늘 부족합니다. 이제 한 주를 시작한 것 같은데 벌써 금요일이고, 일하다 보면 전화가 많이 옵니다. 프로그램 사용법, 동작 시나리오에 대한 문의 전화일 것입니다. 천재도 멀티태스킹은 쉽지 않습니다. 전화를 받다 보면 해놓았던 일은 제로가 되고, 다시 그 능선까지 끌어올리는 데는 배의 에너지가 듭니다. 방해가 없었다면 진즉에 정상에 올라 커피 한 잔 마시고 있었을 텐데 말이죠. 정시에 퇴근해 가족들과 시간을 보내고, 자기 계발을 하고 있었을지도 모릅니다.

이런 악순환을 끊기 위해 문서를 만드는 것입니다. 예를 들어, 어느 기기의 소프트웨어에 대한 문의가 빗발친다고 합시다. 개발자는 최선을 다해서 설명해줄 의무가 있습니다. 최선의 대답을 할 방법은 예상 질문에 대한 문서를 만들어 놓는 것입니다.

저는 빈번한 질문에 대한 답변을 정리해 100여 개의 문서로 작성해 두었습니다. 그 문서는 그림까지 넣어 초등학생도 알기 쉬울 정도입니다. 여기저기에서 문의 전화가 오면 작성해 둔 문서를 문의한 사람의 소속 부서를 참조해 메일로 보냅니다. 이렇게 하니, 빗발치던 문의가 오지 않았습니다. 문서를 만들면 개발자도 대응하기가 쉽습니다. 잠깐 시간을 내어 문서만 전달하면 되니 시간을 빼앗기는 일도 없습니다. 개발자는 온전히 개발에 전념할 수 있고 더 생산성 있게 더 많은 일을 할 수가 있습니다. 이슈 관리 시스템의 검색 기능을 활용해도 좋을 것입니다.

간혹 타 부서에서 오는 전화를 큰소리로 받거나, 스피커폰으로 받는 직원이 있습니다. 아마 바빠 보이게 만들어 자신의 가치를 높이려는 속셈일 것입니다. 그러나 실상은 실속 없는 개발자입니다. 같은 문의 전화나 이메일을 계속 받는 개발자는 생산성이 하락합니다. 낮에 일하지 못하니 매번 야근할 수밖에 없습니다.

조용히 코딩하며 자기 세계를 구축해서 완성해 나가는 개발자가 많은 회사의 장래는 밝습니다. 독서실처럼 조용한 공간이 생산성을 확보하는

데 유리합니다. 회사의 환경이 그렇지 않다면, 오전에 업무 집중 시간을 정해서 조용히 일하는 제도가 필요합니다. 그 시간에는 회의도 하지 않고 전화도 하지 않고 오직 자기 업무에만 집중하는 것입니다. 그러면 많은 직원이 더 생산성을 나타내고 더 집중하게 되니 예상치 못한 문제들도 찾아내서 품질이 좋은 제품들이 나올 것입니다.

06

개발자가 갖춰야 할 것

한 사람의 건강이 공동체와 직결되는 시대입니다. 내가 아프면 옆 사람도 아픕니다. 집단 면역을 형성하는 것이 얼마나 필요한지를 알게 되는 시기입니다.

체력이 부실하면 옷을 입어도 매력적이지 못합니다. 체력이 부실하면 걷는 게 흔들리고, 생활이 흔들립니다. 반면, 체력이 좋아 자신감 넘치는 걸음은 상대방에게 호의를 갖게 합니다. 체력은 힘든 삶을 버티는 내 몸의 기둥이며 시련과 난관을 극복할 수 있는 희망의 디딤돌입니다. 체력이 좋으면 코딩에도 거침이 없고, 일에서도 성실하고 진취적인 사람이 됩니다. 체력이 강해야 정신력이 강해지고, 생각하고 집중하는 힘이 올라갑니다.

작심삼일이 되는 것은 정신력이 약해서가 아니라 체력이 부실해 끝까지 가지 못하기 때문입니다. 개발자에게 체력은 곧 코딩 실력입니다. 난관은 정신력으로 극복하는 것이 아니라 체력으로 극복하는 것입니다. 체력이 있어야 책을 읽고, 천천히 생각할 힘을 기르고, 올바른 판단을 내리고,

남을 도울 수 있습니다. 체력이 좋아지면 두통도 사라집니다.

미루지 말고 지금 당장 체력을 늘리기 위한 운동을 시작하세요. 엘리베이터 대신 계단을 오르거나, 매일 한 시간씩 걷는 것도 좋습니다. 매력적인 몸은 매력적인 생각을 유발합니다. 몸이 지푸라기처럼 힘이 없으면 어떤 일도 헤쳐 나갈 수 없습니다. 몸이 약하면 모진 시련도 쓰나미처럼 한꺼번에 몰려옵니다. 어떤 일을 하다가 중도에 흐지부지하게 되는 일이 잦다면 나의 부실한 체력 때문입니다. 머리가 안 좋아서가 아니라, 그저 체력이 약해서 중도에 포기하는 것입니다. 누구에게나 고비는 있습니다. 그런데 고비를 통과한 사람은 편안하고 의미 있는 삶을 누리지만, 고비를 통과하지 못한 사람은 내실 없이 바쁘기만 하고 작은 열매조차 맺지 못합니다. 그러고는 몇 년 후, 아니 몇 달 후 다시 고비를 만나게 됩니다. 체력이 약하고 혈색이 창백한 개발자는 오래가지 못합니다. 남 보기에도 활력이 없으니 다른 사람들로부터 능력 없는 개발자로 오해받기도 합니다.

건강해야 남을 돕는 여유가 생깁니다. 건강하지 못하면 내 코가 석 자라 내 일을 처리하기도 바쁩니다. 체력은 행복의 발전소이며 꿈을 이뤄주는 강력한 기관이자 엔진입니다. 코딩의 근원적인 힘은 체력에서 나옵니다.

저는 매일 체력 단련을 위해 2.2Km 숲 산책에 나섭니다. 올라갈 때는 구보를 하고, 내려올 때는 천천히 사색하며 어떤 글을 쓸지를 생각합니다. 소나무 향을 맡으며 300m나 되는 산의 숲길을 걸으면 허벅지가 굵어지고 정신이 맑아집니다. 뇌에 소나무 향기가 들어가니 비타민 C를 먹은 느낌입니다. 정상에서 햇빛을 받으면 비타민 D까지 흡수된 것이니 활력이 생깁니다. 싱싱하고 짙은 향이 폐 속으로 스며듭니다. 그간 나쁜 공기만 마시게 해 미안했던 폐에 좋은 일을 해준 것 같습니다. 코로나 팬데믹을 거치며 폐가 얼마나 중요한 기관인지, 숨을 쉰다는 건 얼마나 소중한 것인지 깨닫습니다.

자연과 함께하며 근육을 단련한다는 것은 큰 행복입니다. 체력이 좋으면 부자가 될 수 있음을 믿어야 합니다. 부자가 되려면 튼튼한 체력으로 여기저기 열심히 다녀야 하니까요. 뇌력 또한 체력에서 나옵니다. 체력이 없으면 성공도 없습니다.

훈련이란 사전적으로 '기본자세나 동작 따위를 되풀이하여 익히는 행위나 가르쳐서 익히게 되는 행위'를 뜻합니다. 운동선수가 목표를 달성하기 위해 열심히 운동하는 것도 훈련이고, 학생이 좋은 성적을 얻기 위해 열심히 공부하는 것도 훈련입니다. 저는 훈련을 위해 가벼운 산악 구보를 합니다. 숲 산책과 숲 구보는 하루 중 가장 소중한 일과입니다. 숲 구보를 하다 보니 저녁에 삼겹살을 뒤집거나, 알코올을 몸에 쏟아붓는 일이 거의 없어졌습니다. 제가 숲 구보를 하는 이유는 단순합니다. 건강을 지켜 오랫동안 일상을 영위하고, 정신적인 스트레스를 풀기 위함입니다.

산을 구보로 뛰어오르면 심장이 터질 것 같습니다. 그러나 정상에 도착하면 몸의 통증이 주는 나른함이 묘한 행복함을 줍니다. 비록 피부는 햇볕에 그을려 꺼멓게 되었어도 육체적으로, 정신적으로 건강해집니다. 정상에서 잠시 하늘과 꽃을 본 후에 하산할 때는 천천히 산책하며 내려옵니다. 내려올 때는 미래의 일을 상상하며 쓸 글의 내용을 구상합니다. 이 과정은 스트레스를 풀어주고, 숲 산책을 더욱 행복하게 합니다.

저는 코로나 팬데믹으로 사회적 거리 두기가 한창일 때 글을 많이 썼습니다. 퇴근 후 혼자 숲에 가서 머리를 하얗게 비우고 돌아와 30분에서 한 시간씩 습관적으로 썼습니다. 새벽에는 글쓰기 모임을 하며 글의 씨앗이라고 볼 수 있는 글감을 모았습니다. 그러다가 때가 되면 글 씨앗으로 이야기꽃을 피우고 숲을 만듭니다. 글 씨앗을 모으는 일은 꽤 즐겁습니다. 머릿속에 잡념과 미움이 사라지고, 오직 글에만 집중하게 되기 때문입니다.

한양대학교의 정민 교수의 연구실은 글 씨앗 연구소로 불린다고 합니다. 정민 교수의 연구소에는 수백 개의 의료 차트가 보관된 둥그런 차트 보관대가 있는데, 그곳에 꽂힌 차트집 하나가 한 권의 책을 집필하기 위한 기획안과 같다고 합니다. 글을 쓸 때마다 필요하면 꺼내서 보충하면 되죠. 우리에게는 더 유용한 차트 보관대가 있습니다. 바로 블로그입니다. 일기도 좋고, 삶의 흔적인 프로그램 자료도 좋습니다. 매일 조금씩 써서 모아 두었다가 책을 쓸 때 검색해서 보충하세요.

아무리 영상의 시대라고 하지만 여전히 텍스트의 힘은 셉니다. 소통은 결국 글쓰기로 귀결되기 때문입니다. 스마트폰으로 메시지를 보내고, 업무 내용을 정리하는 것도 텍스트로 이루어집니다. 하루에 쓰는 수십 통의 이메일도 텍스트입니다. 아이러니하게도, 영상 정보의 시대에 글쓰기의 힘은 더욱 세졌습니다.

우리는 모두 작가입니다. 이제는 누구나 글 씨앗을 만들어 작가가 될 수 있습니다. 코로나 시대의 고통을 글을 쓰며 잠시 잊어보는 것도 좋겠습니다. 어려움에 부닥쳐 깊은 슬픔에 빠졌다면 이를 글로 써보세요. 희망의 콘텐츠가 될 것입니다.

깊은 한숨 속에서도 이 시대의 아픔을 흔적으로 남겨서 기억해봅니다. 글을 쓰면 어려움을 이겨 낼 힘을 얻을 수 있습니다. 의미 없는 삶은 없습니다. 우리들의 매일매일 힘든 삶이 글 씨앗이 됩니다. 고통의 아픔이 날줄이 되고 행복의 무늬가 씨줄이 되어 만드는 삶이 하나의 역사로 기록됩니다. 이것이 바로 우리의 삶입니다.

코로나 시대는 글쓰기에 최적화된 시간입니다. 외출이 적어지다 보니 글을 쓸 수 있는 시간이 많아졌습니다. 감옥으로부터의 사색이 아니라 집으로부터의 사색입니다. 집 안이라는 작은 공간에서 나의 내면을 만나고, 팍팍한 삶을 글로 옮겨 보고 눈물도 흘려봅니다.

하루하루를 살아가는 것은 힘든 일입니다. 눈물 나는 일, 가슴 시리도록 아픈 일, 주저앉아 울고 싶은 일도 있습니다. 이렇게 마음은 쓰레기로 가득 찬 지옥인데 겉으로는 아무 일 없는 것처럼 아우라를 만들며 살아갑니다. 마음에 있는 소리를 다 하면 가족도 멀리하기에 말을 삼킵니다.

남의 SNS를 볼 때는 어떤가요? 남들은 행복해 보이는데 나만 이런 것 같아 절망이라는 수렁에 빠지기도 합니다. 그럼에도 불구하고, 신앙이 있는 사람은 절대 신에게 의지하고, 사람을 좋아하는 사람은 사람을 만나며 희망을 찾습니다. 세상 사는 지혜일 것입니다.

저는 신에게 의지하기도 하고, 퍽퍽한 다리를 짚고 일어나 자연을 만나기도 합니다. 살다 보면 깊은 골짜기도 있고 완만한 능선도 있습니다. 하늘도 햇빛 찬란한 날이 있고 흐린 날도 있습니다. 새치는 늘고 주름살이 깊어질지언정 그렇게 사는 것입니다. 그런데 이렇게만 살기에는 아깝습니다. 이럴 때 글쓰기는 유익합니다. 글을 나를 살리고 지구 반대편에 수렁에 빠진 이를 살리기도 합니다.

코딩의 세계도 비슷합니다. 어느 날은 코딩이 잘되어 마치 내가 세계 최고의 프로그래머가 된 듯 우쭐합니다. 그러다 어떤 날은 문제에 부딪혀 한 발짝도 나아가지 못하고 '나는 왜 이것밖에 안 되느냐' 하며 자책하기도 합니다. 논리적이지 못하고, 명석하지 못하다는 생각에 자존감도 낮아집니다. 밥맛이 없고, 스트레스가 쌓입니다. 그러나 글을 쓰면 문제에서 빠져나올 수 있습니다. 문제 해결 노트 폴더를 만들어 문서로 차곡차곡 만들어 놓으면 문제에서 쉽게 빠져나올 수 있습니다. 개발자는 작가가 되어야 합니다.

07

결국엔 사람

숲을 노닐며 소나무를 바라봅니다. 소나무는 독야청정하게 늘 그 자리에 서 있습니다. 가장 오래된 숲이 가장 싱싱한 숲입니다. 숲의 시간은 낡지 않습니다. 그런데 사람은 그렇지 않습니다. 외부 환경에 흔들리며 롤러코스터를 타듯 극과 극을 달리는 날도 있습니다. 이런 일을 겪으면 몸이 고장나기 시작합니다. 스트레스가 쌓이고 일상의 흐름이 깨집니다. 숲의 소나무와 같이 무던하게 살면 좋지만, 그렇게 사는 것은 불가능합니다.

소나무는 태풍이 오면 거칠게 흔들며 저항합니다. 우리도 그러해야 합니다. 외부에서 타격이 오면 부딪히며 저항하세요. 하기 싫은 것은 싫다고 이야기해야 합니다. 태풍에 저항하는 소나무처럼 거칠게 저항해야 할 것입니다.

인간에게는 사랑받고 칭찬받고 인정받고 싶은 욕망이 존재합니다. 그런데 우리는 이런 욕망을 채우기 위해 하는 행동을 종종 '이타적 행위'로 착각하고는 합니다. 가려내기 힘들다면, 상대의 반응에 대한 내 감정을 들여다보세요. 서운한 마음이 든다면 존재를 인정받고 싶은 내 마음에 기인한 것입니다. 그러므로 '타인과의 거리 두기'를 이기적인 것으로 생각해서는 안 됩니다. 거리 두기는 타인을 무시하는 행동이 아니라, 삶의 순서에 나를 앞에 두는 것입니다. 자기 선언이자, 기술입니다. 한 걸음 더 나아가 성숙한 사람이라면, 타인이 나에게 하지 않았으면 하는 행동을 남에게 하지 말아야 합니다. 나 이외에는 모두 남입니다. 가까울수록 남이라는 사실은 때론 서늘합니다. 그러나 인정해야 합니다. 그래야 아름다운 거리를 유지하는 '친밀한 타인'이 됩니다.

우리 마음을 괴롭히는 것은 항상 인간관계입니다. 기쁨, 분노, 슬픔, 즐거움 등의 모든 감정의 근원에 인간이 있습니다. 회사 생활이 힘들다면 일 때문일 수도 있지만, 대부분은 인간관계 때문입니다. 회사를 떠나는 것은 일이 힘들어서가 아니라 힘들게 하는 상사, 동료 때문입니다.

숲을 거닐며 어떻게 인간관계를 유지하며 소나무처럼 무던하게 살 수 있는지를 생각해봅니다. 우선 스트레스를 푸는 자기만의 루틴이 있어야 합니다. 마음을 비우는 훈련을 해야 합니다. 생각을 훈련해야 합니다. 인간은 생각에 지배당하므로 생각이 곧 마음입니다. 생각이 곧 그 사람입니다.

생각은 칠판입니다. 칠판에 좋은 생각을 쓰면 좋게 살아가는 것이고, 안 좋은 생각을 쓰면 안 좋게 살아가는 것이고, 낙서하면 복잡하게 살아가는 것입니다. 안 좋은 생각은 지우개로 지우면 말끔해집니다. 내 칠판에다 누가 낙서하면 낙서한 사람의 생각대로 살게 됩니다. 남의 생각대로 살아갈 수는 없죠.

또한, 현재에 집중해야 합니다. 술에 의지할 수도 있지만, 건전한 방법을 찾아야 건강하고 오래 정신건강을 지킬 수 있습니다. 인간관계에서 좋은 게 좋은 거라는 생각으로 무조건 참는 게 능사는 아닙니다. 나의 정신을 헤치는 나쁜 사람에게는 등을 돌리고 거리 두기를 해야 합니다. 개발은 협업입니다. 그렇다면 좋은 협업을 위해 거리를 둬야 할 개발자는 어떤 사람이 있을까요?

첫째, 자기 기술에 자만한 개발자입니다. 이들은 내 기술이 최고이고, 내가 구현한 프로그램이 최고라고 믿으며 남의 기술을 인정하지 않습니다. 그러나 같이 가야 할 동료라면 어느 정도 용납해야 합니다. 협업의 자세가 중요하기 때문입니다. 단, 틀린 부분에 대해서는 짚고 넘어가는 게 좋습니다. 그 사람의 말에 현혹되면, 프로젝트가 엉뚱한 방향으로 흐르다 좌초되고 맙니다. 그들의 말을 객관적으로 볼 수 있는 안목이 있어야 할 것입니다.

둘째, 인격적인 모욕을 주거나 갑질하는 개발자입니다. 살면서 만나고 싶지 않은 사람은 회사 어디를 가도 있습니다. 어느 조직에나 이런 사람이 있기 마련이죠. 이런 사람은 아예 마음속에서 접어 버리시길 간곡히 부탁드립니다. 그 사람과 잘해보겠다, 그 사람을 이해해보겠다는 시도조차 하지 말기를 부탁드립니다. 영원히 마음속에서 지워 버리세요. 마음으로 거리를 두는 편이 나에게 이롭습니다.

셋째, 이중 인격의 개발자입니다. 앞에서는 웃으면서 대하고 뒤에서는 험담하거나 나의 성과를 착취하는 유형입니다. 이런 사람에게 흔들리지 마세요. 회사는 어차피 일하는 곳이지 사교 모임이 아닙니다. 적당한 거리를 유지하면 된다고 생각합니다.

성인군자가 아닌 이상 모든 사람을 다 품을 수는 없습니다. 내가 그어 놓은 경계선을 넘어오는 사람에게는 저항해야 합니다. 소나무 같은 사람을 만나고 소나무 같은 사람이 되는 것이 가장 좋습니다. 무던하게 자기 자리를 지키며 맡은 역할을 성실히 해내고 태풍이 불 때는 적당히 저항도 할 줄 아는 소나무 같은 개발자가 가장 좋은 것 같습니다. 인간관계가 풍성한 소나무 숲이 되길 기대해봅니다.

08

당신은 누군가의 생명줄입니다

오래전, 친구에게 배신당한 일이 있습니다. 말할 수 없는 상처로 힘든 나날들을 보냈고, 중환자만 아니었다뿐이지 간신히 산소호흡기에 연명하는 듯한 하루하루를 보냈습니다. 설상가상으로 병이 찾아왔습니다. 배신감과 함께 질병의 고통과도 싸워야 했습니다. 불행은 하나씩 오는 게 아니라 쓰나미처럼 밀려온다는 말을 몸소 실감했습니다. 헤어나기 힘든 고통 속에서 죽음이 문턱까지 온 듯했습니다. 독한 약에 잠을 이루지 못하고, 얼굴이 창백해지고, 몸무게가 줄었습니다. 이곳이 지옥이었습니다. 내가 온전히 서지 못하니 다리가 풀리고, 고난이 고구마 줄기에 붙은 고구마처럼 줄줄이 나와 나를 공격했습니다. 수잔 케인은 『비터스위트』에서 인간 감정의 디폴트값은 '편안한 슬픔'이어서 슬플 때가 훨씬 많다고 했습니다. 그러나 제 슬픔은 일상적인 슬픔을 넘어서는 견디기 힘든 슬픔이었습니다.

그때 한 사람의 전화가 저를 살렸습니다. 그의 따뜻한 말에 정신을 차리고 다시 일상으로 돌아올 수 있었습니다. 사람은 최악의 상황일 때 누군가가 손잡아주면 일어납니다. 절망에 있는 사람과 아무 말 없이 따뜻한 밥 한끼를 먹어보면 알게 될 것입니다. 그 사람은 절대 쓰러지지 않습니다. 그 사람은 관심으로 다시 일어납니다. 사람은 지구상에 단 한 사람만 곁에 있어 준다면 최악의 선택을 하지 않습니다. 최악의 선택을 한다면, 그 사람의 곁에는 '단 한 사람'이 없기 때문입니다.

코로나로 고통받는 사람이 많아 안타까운 요즘입니다. 사람이 사람을 만나지 못해 수렁에서 빠져나오지 못할까 걱정입니다. 바닥을 치고 일어날 힘, 다시 일상으로 돌아올 힘은 오로지 사람의 관심뿐입니다.

바닥을 치고 일어서 보니 마음을 비우게 됩니다. 이제 올라갈 일만 남았습니다. 바닥을 치고 올라올 때 정신이 번쩍 들고 어떻게 살아야 할지를 고민하게 됩니다. 충실해지는 시간입니다. 삶을 충실한 태도로 살아갈 때 더 의미 있고 좋은 생이 펼쳐집니다. 부와 성공이 따르며 이전에 없던 좋은 일들이 벌어집니다. 고난을 겪고 인내로 얻은 나이테가 생기면 앞으로 생기는 어려움은 무덤덤하게 헤쳐 나가게 됩니다. 그러다 전성기를 맞이합니다. 악착같이 버텨낸 내 삶의 꽃이 가장 아름답게 핀 시절입니다. 이보다 더 좋을 수 없는 시간입니다.

매일 숲을 산책하며 몸을 챙기다 보니, 지금이 인생에서 가장 좋은 체력을 가진 나날입니다. 몸무게도 평균 이상을 유지해 만족스럽습니다. 또 아픔을 겪어보니 삶을 바라보는 시야가 깊어지고 내공이 생겼습니다. 내가 온전히 서니, 사람들과도 대등한 관계를 유지하며 당당하게 살아갑니다. 긍정적으로 삶을 바라보고, 나를 더 사랑하게 되었습니다. 그리고 작가라는 꿈을 펼치기 시작했습니다.

어려움이 있습니까? 지금 이 순간만 참고 넘겨보시길 바랍니다. 나이가 적든 많든, 지금껏 잘살았든 못살았든, 인생은 모두 소중하고 가치가 있습니다. 세상에 초라하고 하찮은 삶은 없습니다. 한 발을 디뎌 일어나면 지금보다 더 찬란한 미래가 기다립니다. 저는 이제 누구보다 소중한 사람입니다. 더 나아가 어려운 사람에게 다가가 말없이 따뜻한 밥을 사줍니다. 손을 잡고 그 사람의 눈물을 닦아줍니다. 이제 저는 누군가를 살리는 생명줄을 던져줄 수 있는 사람입니다.

당신은 소중합니다. 아직은 당신이라는 원석이 흙 속에 묻혀 있지만, 이 시간이 지나면 보석이 되어 빛날 것입니다. 우리는 동굴로 들어가는 게 아니라 터널을 지나고 있습니다. 터널에는 반드시 끝이 있습니다. 당신은 이 세상 누구보다도 소중합니다.

참고 문헌

· 소프트웨어정책연구소(SPRi), 「[IS-140] 국가안보를 위한 인공지능(AI)과 3대 전략기술」, 2022.05.11

· 소프트웨어정책연구소(SPRi), 「[IS-145] 국내 기업의 디지털 전환 관련 주요 요인 분석」, 2022.09.26

· 소프트웨어정책연구소(SPRi), 「교육의 디지털 트랜스포메이션, 에듀테크」, 월간 소프트웨어 중심사회 2022년 6월호

· 한국방송통신전파진흥원, 「6G 이동통신 시대를 준비하는 우리의 자세」, 2022.05

· 한국지능정보사회진흥원(NIA), 「[제29권 제2호] 노년층의 성취자본이 디지털 자본 획득에 미치는 영향연구: 디지털 기기 이용 태도와의 관계를 중심으로」, 2022.06.30

· 한국지능정보사회진흥원(NIA), 「이슈리포트」, 2022.08

· 김태기, 「IT서비스업 도약, 신중년층 활용에 달렸다」, 이데일리, 2022.12.19

· 김혁균, 「외식산업 디지털화, 이젠 선택 아닌 필수다」, 디지털 타임즈, 2022.02.15

· 임유경, 「IT 개발자 몸값 더 오를 수밖에 없다」, ZDNET Korea, 2022.06.25

· 전규현, 「개발자 야근 문화를 고쳐야 하는 이유」, ZDNET Korea, 2016.05.23

· 전규현, 「여자 개발자가 희망이다」, ZDNET Korea, 2014.03.13

· 한국지능정보사회진흥원, 「2020년 디지털 정보격차 실태조사」

· EvanMoon, 「일 잘하는 개발자는 왜 비즈니스까지 신경 쓸까?」, Evans Library, 2020.10.24

· 김경일, 『김경일의 지혜로운 인간생활』, 저녁달, 2022

· 김명락, 『이것이 인공지능이다』, 슬로디미디어, 2020

- 김병욱, 『오늘부터 개발자』, 천그루숲, 2021
- 김익환 · 전규현, 『소프트웨어 개발의 모든 것』, 페가수스, 2015
- 김익환 · 전규현, 『소프트웨어 스펙의 모든 것』, 한빛미디어, 2021
- 김훈, 『자전거여행 1, 2』, 문학동네, 2014
- 노리나 허츠, 『고립의 시대』, 웅진지식하우스, 2021
- 댄 히스, 『업스트림』, 웅진지식하우스, 2021
- 데이먼 센톨라, 『변화는 어떻게 일어나는가』, 웅진지식하우스, 2021
- 산드로 만쿠소, 『소프트웨어 장인』, 길벗, 2015
- 수전 케인, 『비터스위트』, 알에이치코리아, 2022
- 안드레아스 헤르만 · 발터 브레너 · 루퍼트 슈타들러, 『자율주행』, 한빛비즈, 2019
- 야곰, 『스위프트 프로그래밍』, 한빛미디어, 2019
- 우종영, 『나는 나무에게 인생을 배웠다』, 메이븐, 2019
- 유영만, 『나무는 나무라지 않는다』, 나무생각, 2017
- 존 손메즈, 『소프트 스킬』, 길벗, 2022
- 존 손메즈, 『커리어 스킬』, 길벗, 2019